ヤスパースと
三人の神学者たち
――キリスト教教育哲学の断片――

深谷 潤

溪水社

序
― 本書の目的と構成 ―

目　　的

　カール・ヤスパース（1883〜1969）は、精神病理学者から出発して、哲学、政治学、歴史学、教育学等に及ぶ幅広い分野で活躍し、ハイデッガーと並んで20世紀を代表するドイツの実存哲学者である。日本でも1950年代以降、多くの翻訳が出版され、戦後の実存主義の流れを形成する一つの要因となった。ニーチェやキルケゴール、そしてヤスパース、ハイデッガー、サルトル、ブーバー、マルセルなど実存主義が流行した時代は去り、今では生命倫理や「臨床」哲学など、かつての存在論や認識論の枠にとらわれない新たな哲学の模索が始まっている。そのような現代になぜ再びヤスパース哲学を考察する必然性があるのだろうか。かつてヤスパース哲学を他の「実存主義」哲学と並列したことによる誤解、すなわち、個人主義的な哲学として社会や倫理の問題から距離を置く哲学であること、それによって現代社会に生きる人間の存在論的課題に取り組む思考的枠組みを提供することに大きく貢献することができる。しかも、その人間の存在論的課題をさらに具体化するならば、教育の問題である。

　学校で生じる諸問題は、教育学の課題として教育課程や心理学、教育工学などの分野で扱われる傾向がある。しかし、教育思想や教育哲学からも多様な考察がなされるべきである。現在、「個性」を尊重し、「自らすすんで」問題を解決できる能力を育成する教育が目指されている。そのための授業の方法や評価の仕方について様々な試みがなされている。だが、肝心の「個性」をもった人間の在り方や「自らすすんで」という主体性、「問題解決能力」という「学力」や「知」の在り方について、教育哲学の分野から積極的な発言はいまだに乏しいと言わざるを得ない。ヤスパース哲学における、「知（Wissen）」の理解や「代替不可能な（unvertretbar）」固有の人間

存在などは、今日の教育問題を哲学的に考察する際に重要な概念であるといえる。さらに、教育を個人の問題としてだけではなく、社会や共同体の問題として捉える側面も欠かせない。そのためにも、従来から「実存主義」が「個人主義的」であり、社会倫理的側面に貢献しない、という誤解を解く必要があるであろう。ヤスパース哲学は、その誤解を解くために多くの概念を内包している。それ故、本書は、まず「ヤスパース哲学を他者に開かれた哲学として特徴づけ、特に教育哲学の分野にその特徴を活かす試みを行うこと」を目的として論をすすめることにする。

また、「実存主義」は、神不在の哲学・思想である、という誤解がある。キリスト教の精神文化の薄い社会にとって、神の存在と宗教の関係は、単純化して受け取られる傾向がある。つまり、個人の信仰と共同体の宗教の境界線が曖昧になりがちである。そこで、宗教を否定しながらも、信仰をもち続ける在り方をどのように捉えるのか、この視点を説明することが困難となる。ヤスパースは、「超越者(Transzendenz)」という表現で「神(Gott)」の存在を自ら捉えようとした。キリスト教社会のドイツで自らの信仰を「哲学的信仰(der philosophische Glaube)」と呼んだ。このような彼の立場は、当時多くの議論を引き起こし、特にプロテスタント神学者たちから批判された。ヤスパース哲学は、既成の宗教における「神」は確かに不在であったかもしれないが、独自の信仰においては、明らかに不在ではなかったのである。むしろ、既成宗教の信仰よりさらに根本的に神の存在を追い求めた結果たどりついた存在なのである。本書では、ヤスパースと当時の神学者たち(ブルトマン、ティリッヒ、バルト)の立場の違いを踏まえて、キリスト教の重要なテーマである聖書理解、信仰、啓示についてそれぞれ対話を試みている。この試みのねらいは、彼らが実際にそのテーマについて対話したかどうかに関わらず、見解の相違と共に共通の基盤を探し出すことにある。そこで見出された基盤は、わずかなものであっても、哲学と神学の共同作業によって抽出された人間と神の関係を理解する貴重な言説である。

本書は、これまでの説明から「実存主義」の二つの誤解(個人主義的、神不

在)を解くことだけが目的ではない。むしろ、最終的な目的は、本書の副題にある「―キリスト教教育哲学の断片―」を一つでも多く拾い集めることである。「キリスト教教育哲学」という学問分野は、現在まとまった形で独立して成立しているとは言えない。これは、キリスト教学、教育学、そして哲学の三領域に共通するテーマを扱う、総合的学問分野と捉えることも可能であろうし、また、キリスト教と教育の諸現象を哲学的に考察する立場とすることもできる。時には、この両者が研究の過程で交錯することもあるであろう。今後、どのような「キリスト教教育哲学」が展開するかは、今のところ明らかではないが、少なくとも、本書は後者の立場で「キリスト教教育哲学」を試みている。今回、「キリスト教教育哲学」の哲学的視点を担っているのは、ヤスパース哲学である。無論、ヤスパース哲学のみでキリスト教と教育のすべてを考察することは不可能である。そのため「断片」という表現を用いることにした。

構　成

　本書は、2部構成になっている。
　第Ⅰ部は、開かれた哲学としてのヤスパース哲学の特徴を説明する。ヤスパース哲学の独自性や科学、宗教との関係を主に論ずる。また、ヤスパースの教育哲学を先行研究の紹介や批判を交え、習得理論として再構築を試みる。
　第Ⅱ部は、教育をめぐるヤスパース哲学と現代プロテスタント神学の対話と題して、ブルトマン、ティリッヒ、バルトの各神学とヤスパース哲学を対比させ、教育の問題について論究する。
　附録として、生涯からみたヤスパース、ブルトマン、ティリッヒ、バルトの接点を概観する。そこにおいて、彼ら個人の人間としての姿が浮き彫りとされる。

ヤスパースと三人の神学者たち

目　次

序　―本書の目的と構成― ……………………………………………… i

第Ⅰ部　開かれた哲学
　　　　―ヤスパース哲学の特徴―

第1章　ヤスパース哲学と科学・宗教 ……………………………3
　1．ヤスパース哲学と科学　3
　2．ヤスパース哲学の独自性　8
　3．ヤスパース哲学と宗教　11
　　　〈註〉　17

第2章　ヤスパースの教育哲学 ……………………………………25
　1．実存哲学に基づく教育学の課題　25
　　　〈註〉　34
　2．ヤスパースの交わり論が残した課題　37
　　　〈註〉　63
　3．理性による教育　67
　　　〈註〉　81
　4．ヤスパースの習得理論　83
　　　〈註〉　95

v

第II部　ヤスパースと三人の神学者たち
　　　　―キリスト教教育哲学の断片―

第3章　ブルトマンとヤスパース
　　　　―聖書理解をめぐる対話― ……………………………………101

　1．学問の対象としての聖書　101
　2．ヤスパースのイエス論 ―暗号としてのイエス―　105
　3．ブルトマンのイエス論 ―人間観と神観を通して―　109
　4．聖書理解と教育　113
　　〈註〉　114

第4章　ティリッヒとヤスパース
　　　　―信仰をめぐる対話― ………………………………………117

　1．信仰と不信仰の転換点　117
　2．神と自己の連関形成の方法論　124
　3．宗教的象徴と教育の神学　126
　4．問題点　130
　　〈註〉　132

第5章　バルトとヤスパース
　　　　―啓示をめぐる対話― ………………………………………135

　1．バルトの啓示信仰　135
　2．ヤスパースの哲学的信仰　140
　3．暗号から啓示への契機　145
　　〈註〉　150

終　章　個人と共同体の関わり
　　　　―今後の日本のキリスト教教育を考える― ………………………153

　1．ヤスパースの教会批判　153
　2．キリストが忘れ去られた教会　155
　3．霊的共同体と教会　157
　4．個人と共同体をつなぐ祈り　159
　　〈註〉　163

〈附録1〉 ヤスパースと三人の神学者たちの生涯と接点 …………165
　　　　 1．ヤスパースと三人の神学者たちの出会い　165
　　　　 2．家庭環境　167
　　　　 3．結　　婚　168
　　　　 4．職　　歴　169

〈附録2〉 略年譜 ……………………………………………………174
　　　　 〈ヤスパース・ブルトマン・ティリッヒ・バルト〉

あとがき ……………………………………………………………183

ヤスパースの参考文献 ……………………………………………187
　　一次資料（独文・翻訳）　187
　　二次資料（独文・英文）　193

索　　引 …………………………………………………………209
　　事項索引　209
　　人名索引　217

凡　　例

一、註においてヤスパースの著書は以下の省略記号で記した。
一、ヤスパースの著作において翻訳を参照した場合は、そのページ数を jp. で示した。
一、ドイツ語の綴りは新正書法に沿って表記した。

［ABC 順］
Allgemeine Psychopathologie = AP
Aneignung und Polemik = AuP
Chiffren der Transzendenz = CT
Der philosophische Glaube = DphG
Der philosophische Glaube angesichts der Offenbarung = PGO
Descartes und die Philosophie = DuP
Die Atombombe und die Zukunft des Menschen = AB
Die geistige Situation der Zeit = GSZ
Die Frage der Entmythologisierung = FE
Die grossen Philosophen = GP
Die Idee der Universität = IU
Die Schuldfrage = DS
Einführung in die Philosophie = Ein
Existenzphilosophie = EX
Freiheit und Wiedervereinigung = FuW
Kleine Schule des Philosophischen Denkens = KSD
Nietzsche = N
Nietzsche und das Christentum = NC
Philosophie I = PhI
Philosophie II = PhII
Philosophie III = PhIII
Philosophie und Offenbarungsglaube = PuO
Philosophie und Welt = PuW

Philosophische Autobiographie = PA
Psychologie der Weltanschauungen = PsW
Rechenschaft und Ausblick = RA
Schicksal und Wille = SW
Strindberg und van Gogh = Suv
Vernunft und Existenz = VuE
Vom Ursprung und Ziel der Geschichte = UZG
Von der Wahrheit = VdW
Wahrheit und Bewährung = WB
Wahrheit und Wissenschaft = WuW
Was ist Erziehung? = WE?
Was ist Philosophie? = WP?
Weltgeschichte der Philosophie = WP

第Ⅰ部
開かれた哲学
―― ヤスパース哲学の特徴 ――

第1章　ヤスパース哲学と科学・宗教

　ヤスパースの哲学は、ハイデッガーと並んで今世紀の実存哲学を代表するものである。一口に実存哲学といっても、存在論を探求したハイデッガー、マルクス主義の影響が強いサルトルなどひとまとめにできるものではない。西洋哲学史上、実存哲学は、ポスト・モダンの先駆けであるニーチェやキルケゴールの思想にみられるように、ドイツ観念論の大成者ヘーゲルの哲学に対してアンチテーゼを提出する形で生まれてきた。それがヤスパース哲学もその系譜にある。さらにディルタイの生の哲学やカントの認識論がヤスパース哲学の基礎をさらに充実させることになった[*1]。

　ヤスパースは、精神病理学出身であり、大学のクリニックで実際に患者と接しながら、より実践的な立場から哲学に接近していった。それ故、彼の哲学に対する意味づけは、より実践的な人間の思惟的行為という捉え方になっている。過去の知識の累積としてのいわゆる「講壇哲学」よりも、「哲学すること (philosophieren)」[*2]の意義を強調する点がその大きな特徴といえる。さらに彼の哲学は、一つの体系によって閉じているのではなく、常に他に対して開かれている点[*3]も注目に値する。それでは、彼の哲学の特徴は、一言でいえば何に対しても開かれた実践的哲学であると言えよう。

　それでは彼の哲学は科学や他の哲学、そして宗教に対してどれだけ開かれ、実践的であるのかをこれから説明していきたい。

1．ヤスパース哲学と科学

　一口に科学といっても、様々な意味があるが彼は著書『歴史の起源と目

標』の中で、科学を認識の発展の歴史において捉えている。ヤスパースの「科学（Wissenschaft）」の概念は科学と哲学の関係を同時に考察しながら明らかにしていかねばならない。なぜならどちらも人間の認識能力に基づいて成立するものだからである。

　彼によると人間の認識は三つの段階を経て発展してきたという。まず、第一段階は「合理化一般（die Rationalisierung überhaupt）」[*4]をさす。それは彼によると、神話や魔術に合理性をあたえる「前科学的科学（vorwissenschaftliche Wissenschaft）」[*5]ものだという。この段階では、哲学も科学も宗教も明確な区別がなく、単なる合理性の下に説明可能なものと言えよう。第二段階は「論理的方法論的に意識された科学（die Wissenschaft, die logisch und methodisch bewusst wird）」[*6]であり、「ギリシャ人の科学」であるという。例えば、原子論を提唱したデモクリトスやイデア論のプラトン、体系的に形而上学をうちたてたアリストテレスなどの教説が該当するであろう。この段階では、哲学と科学は融合しているが、魔術など方法論的に合理性を欠くものは除かれていることから、宗教はこれらと分離した状態であるといえる。そして、第三段階は「近代科学（die moderne Wissenschaft）」である。

　彼の言う「近代科学」とは、17世紀以降のヨーロッパを特徴づけた科学であり、例えば、ケプラーの天文学やガリレイの近代物理学などを意味している。今世紀に入ってさらに科学は発展し、技術と結びついて哲学とは異なった独自の道を異常な早さで進んでいると言えるであろう。

　以上三つの発展段階のうち、ヤスパースが哲学と対比して用いている科学の概念は、主に第三段階の「近代科学」であるといえる。現代において科学は、宗教はもちろんのこと、さらに哲学とも離れて合理性と有効性を局限まで追求しながら発展している。人類を滅亡できるだけの兵器の開発を可能にした科学は、これから何を目的にどこに向かって進んでいくのか分からなくなっている。このような現代の状況において、ヤスパース哲学において科学との関係はどのようなものなのだろうか。結論を先取りして言えば、彼は科学の基本的性格を特徴づけることによって、科学の限界を露呈し、そして哲学と科学の相補的関係の構築を提唱しようとしているの

である。

　彼の科学の基本的性格をまとめると次の三つになるであろう。第一に科学は「方法的認識 (methodische Erkenntnis)」であり、第二に「強制的に確実 (zwingend gewiss)」であり、第三に「普遍妥当的 (allgemeingiltig)」であるという[*7]。先述のように科学が人間の認識の発展過程で説明されている以上、ヤスパースにとって科学がどのような認識において知を獲得するのかを明らかにしなければならないのである。「方法的認識」とは、認識が人間の偶然の発見によって導かれるものではなく、ある理論の下で、一定の手順を踏むことによって得られる認識と考えられる。そして、その認識の手順は科学の理論の中に組み込まれることになる。その結果、たとえ認識する主体である科学者が異なっても、定まった方法によって目的とする知を獲得することが可能となるのである。誰に対しても同じ方法で知を獲得することができるという意味では、科学は「普遍妥当的」な性格をもっているとも言えるのである。さらに、そのような科学によってもたらされた知は、方法が厳密であればあるほど、また数多くのデータが集積されるほど他の批判を寄せ付けないほどにより確実になっていくのである。

　K. ザラムンは、ヤスパースのこのような科学概念に批判を加えている。特に科学の強制的確実性について、ヤスパースは科学を狭く捉えてしまっていると述べている[*8]。

> （ヤスパースにおいては）科学がすべての思惟する人間にとって同じ意味で普遍妥当的であり、それゆえまた彼らから実際に是認されるような純粋で確実にされた知の規準によって成り立っているという印象を与えている。

ザラムンは、ヤスパースが科学概念を狭く捉えたのは哲学との境界を明確にさせるための意図的作業であると考えている[*9]。それでは、科学との対比においてヤスパースの言う哲学はどのような基本的な性格をもち得るのであろうか。

ヤスパースの哲学における科学との対比において、特に次の三点の性格を指摘したい。まず、科学の「方法的認識」に対して、哲学は「存在の認識 (Seinserkenntnis)」*10 を、また「強制的に確実である」ことに対して真理を前にした不確実さの自覚を、つまり、「無知 (Nichtwissen)」の自覚*11 を、最後に「普遍妥当的」に対して「個人的 (persönlich)」*12 を対比してみたい。

科学は先述のように自ら認識の手段を知っている。つまり認識の方法を自覚しているのである。これは必ずしも同時に認識の目的を知っていることにはならない。科学は何を認識するのか（事実認識 (Sacherkenntnis) に関して十分な自覚があるが、何のために認識するのか(価値の探求)、科学とは何か（存在認識）に関して返答できない*13。一方、ヤスパースによると限界があることを哲学は科学に知らしめるという役割があると言う。同様のことを寺脇は、「科学的知の構造やその目的、そして限界や科学独自の課題を自覚ならしめること」が哲学の科学に対する最大の奉仕であると述べている。それ故、科学が「確実性 (Gewissheit)」を求める学問であり、それに対して哲学は「確認 (Vergewisserung)」を求めるという*14。このことは、科学の限界を露呈することによって科学を哲学より低い学問として位置づけることを目的とすることではない。むしろ、科学なしには哲学はありえず、科学が純粋であることによってより哲学にプラスになると考えている*15。

方法という点に関してヤスパースは、科学が事実認識の方法を獲得しているのに対して哲学もまた存在認識の独自の方法をもっていると言う。それは「超越すること (transzendieren)」である。この方法は彼の著作『哲学』(I)(II)(III) で展開されており、そこにおいて彼の哲学が事実認識を踏まえ（哲学的世界定位）、さらに存在認識（実存開明）、そして存在の根源（超越者）へ接近する（形而上学）ものであることがわかる。存在認識の方法としての超越は、ヤスパース哲学の大きなテーマでもあり、科学から哲学へ彼の関心が移行する鍵となる概念と言える。科学によって得られる一見確実な知も、人間の認識能力のごく一部（悟性認識、彼の表現では「意識一般 (überhaupt Bewusstsein)」）で得られたものにすぎないのである。後にヤスパースは、人

間の存在様式が多角的に捉えられることを示し、「包越者 (das Umgreifende)」[*16]という概念を用いて人間や世界、神といったあらゆる存在を説明しようとした。人間の存在も、「現存在(Dasein)」、「意識一般」、「精神 (Geist)」そして「実存 (Existenz)」として段階を踏みながら捉えられている。科学における認識は、ヤスパースによれば意識一般としての人間による悟性認識にすぎず、精神や実存としての人間における認識(厳密には認識を越えた能力)は含まれていない[*17]。

ヤスパースの関心が、対象の確実な知を獲得することから、対象の存在そのものを探求することに移行するに従って、科学の強制的確実性も存在を確実に捉えてはいないという点でまた限定的な意味になるのである。彼にとって存在そのものを探求することは、真理を探求することを意味している[*18]のである。そのため、科学が真理探究の方法として適切であるかどうかが問われるのである。彼によると、人間の悟性認識は真理に対して無力であり、悟性を越えた理性の働きが必要とされるのである。

> 科学は一切の真理を包括するのではなく、悟性にとって異論のない普遍妥当的な正しさであるにすぎない。真理はもっと包括的な者であって、哲学するという理性の働きに対して姿をあらわすはずのものなのである[*19]。

このように真理を前にした無知の自覚は、ソクラテスに通じるものがある[*20]。

科学のもつ普遍妥当的な性格は、認識によって獲得された知が誰にとっても同一であり、認識の主体の独自性を問わないものであった。その意味で対象に対する主体は代替可能な存在である。つまり、認識の主体である自己存在と認識の客体である対象との間には個別な関係は成立しないのである。交わりの観点からいえば、このような主体と客体の関係はヤスパースの「現存在的交わり (Daseinskommunikation)」[*21]に該当する。一方、哲学は認識主体の代替可能性を認めないのである。彼によると、哲学は自己存

在と対象が結びついて働くものであるという*22。認識の対象は、哲学する際すでに客体として自己の前にあるのではなく、もう一つの主体として立ち現れている。自己に対してこのもう一つの主体は「他者 (das andere)」であり、自己は代替可能な認識主体ではなく、「単独者としての実存(Existenz als einzelner)」*23であり、両者の間には科学の性格である普遍妥当性ではなく、「個人的な」*24、「一回的な (einmalig)」関係が成立している。このような関係をヤスパースは「実存的交わり (existentielle Kommunikation)」*25と呼んでいる。実存とは代替不可能な個人としての人間存在を意味し、彼によると「本来的自己 (das eigentliche Selbst)」*26として現されている。人間は一人一人この「本来的自己」を目指して他者と交わるのである。ヤスパース哲学の目標と方法がここにおいて示されていると言えよう。

　以上から、彼の哲学の科学に対する公開性は、科学と哲学の分離が前提ではなく、認識の基礎としての、また方法としての科学と、目的としての哲学という観点で理解されうる。つまり、両者は別々に存在するのではなく、人間の一連の認識行為が人間の存在目的を問う過程の中で独自性をもつのである。その意味で哲学は科学を受容し、包み込んでいるのである。

2．ヤスパース哲学の独自性

　哲学とは何かを問う場合、一般的に哲学の定義を求めがちである。しかし、ヤスパースは、「哲学とは～である。」といった定義づけによって、哲学が哲学以外の何かによって規定されることはできないと考えた*27。つまり、哲学は自らを規定するもの、自己規定的なものであると言う。形式論理的に解釈すると、「哲学は哲学である。」という同語反復に陥ってしまうが、ヤスパースは哲学の意味をその根源と目的を示すことにより明らかにしようとしている。哲学には出発点とゴールがあり、常に哲学はその途上にある、と言うのが彼の哲学に対する考え方である*28。

　彼の哲学の意味をさらに説明する前に、西洋哲学史上、哲学の意味がど

のように考えられてきたのかソクラテス、カント、ヴィンデルバントの例を参考にしてみたい。

　哲学(Philosophy)の意味はギリシア語のピロソピア($\psi\iota\lambda o\sigma o\psi\iota\bar{a}$)、つまり、知を愛することから由来したことは、周知の通りである。ソクラテスは、そこから哲学を己の無知を自覚し、真の知恵 (Sophia) を求める魂の営みと捉えた。この知恵とは、「人生や世界の真実の意義、理念をわきまえて、これを実践の上に生かしうるような賢者の知恵」であり、哲学は、世界や人間の現実を知り、「その根源 (arche) を問い、形相 (idea) を求め」それによって自己を高め、世を改善するための学問でなければならない、とソクラテスは考えたのである[*29]。また、カントが「論理学講義　序論」の中で哲学の分野を明らかにするために、四つの問いを立てたことは有名である。

　１．私は何を知ることができるか？
　２．私は何を為すべきであるか？
　３．私は何を望んだらよいか？
　４．人間とは何であるか？

　この各問いに対応するものは、１．形而上学、２．道徳、３．宗教、４．人間学と言われている。特に形而上学の中に、この世の存在の意味づけとその認識、つまり存在論と認識論が含まれている点が特徴である。道徳においては、実践理性が議論され、カントの実践哲学が展開されている。ヴィンデルバントは、カントの流れをくみ、哲学を形而上学と認識論からなる理論哲学と倫理学や法哲学、政治哲学などの狭義の実践哲学 (practical philosophy) と美学、宗教哲学からなる実践哲学の大きく二つの領域に哲学を分けた。

　このように、哲学は本来、人間の魂の営みだったものが、時代が進むにつれ、徐々に細分化し、専門化する傾向にある。ヤスパースの哲学を「実践的」と捉える意味は、決してカントの道徳論に限定することでも、ヴィンデルバントの実践哲学の一分野に収めることでもない。ヤスパース哲学

の実践的側面は、一つの体系や分野を意味するのではなく、彼の哲学全体を貫く特徴なのである。その根拠を二つ上げたい。

　まず、第一に、彼の哲学の目的が一つの分野に偏っていないことである。仮に彼の哲学がヴィンデルバントの実践哲学に限定されるなら、その目的は道徳的、宗教的なものとなるはずである。ヤスパースは、哲学の目的を主に、「存在の覚知 (das Innewerden des Seins)」、「愛の開明 (die Erhellung der Liebe)」、そして「完全な安らぎの獲得 (die Vollendung der Ruhe)」であると考えている[*30]。これらの目標をカントの哲学領域にあてはめてみるならば、それぞれ、形而上学、道徳、そして宗教となるであろう。特に、ヤスパースの言う存在の覚知とは、いきなり存在の根源を問うものではなく、科学における悟性認識を踏まえているものである。

　第二の根拠は、哲学の研究に三つの道があることを示している点である。彼の言う三つの道とは、①科学的研究への参加、②偉大な哲学者に関する研究、③日常の良心的な生活態度(die alltägliche Gewissenhafligkeit der Lebensführung) である[*31]。後の二つの道は、ヴィンデルバントの実践哲学に近い領域に思われるが、最初の科学的研究を看過していない点が重要である。そこにおいて、科学的態度の修得を目指すのである。つまり、科学的、批判的考察によって対象の認識の方法論を身につけることであり、認識論を学ぶことである。また、②では哲学史や原典研究によって哲学者の偉大な人格にふれ、さらに歴史を通じた普遍的真理を感得するのである。③では、自分がいかに生きるべきかを問い、自分の全存在をかけた判断、つまり決断と他者の存在の受容がなされるのである。これら三つのどれが欠けても「哲学すること」には到達できないとヤスパースは言う[*32]。

　以上から、確かにヤスパース哲学は、いわゆる「実践哲学」に限定されない哲学であることは明らかになった。しかし、これだけでは彼の哲学の実践的側面が説明されたことにはならない。次に彼が自らの哲学の本質を述べている箇所から、実践的側面を探っていきたい。

　彼は哲学の根源が驚異・懐疑・限界状況の経験の中にあると述べ、究極的にそれは「本来的交わりへの意志 (Wille zur eigentlichen Kommunikation)」

の中にある、と言及している[*33]。哲学が未知の存在に驚き、知覚対象を疑い（デカルト）、理性の限界を認識し（カント）、自己存在が世界内的存在（ハイデッガー）であることを認めることから出発すること自体は、ヤスパース哲学に限ったことではない。しかし、交わりへの意志に言及する点は特徴的である。交わりとはまず、自己と他者の二者がいて初めて成立する関係である。ヤスパースは、哲学の本質を交わりにおいて自己を語り、他者から傾聴されることを欲するという「伝達可能性 (die Mitteilbarkeit)」であると述べている[*34]。（交わりについては第 2 章で詳細を説明する。）哲学の本質が伝達可能性である、という彼の主張は、哲学が本来的に一人の人間の思惟に限定されるものではなく、ソクラテスからヘーゲルにいたる一連の「対話」あるいは「弁証法 (Dialektik)」として理解されることを意味しているのである。しかし、交わりは「対話」のように哲学の方法論として位置づけられるだけではなく、存在そのものの在り方を説明するいわゆる形而上学の分野にまで及んでいるのである[*35]。

　ヤスパースの哲学を交わりの視点から論じたシュルトハイスは、「交わりの理念は、批判的哲学の根本的意図と一致する」と言及している[*36]。交わりの理念とは、自己存在と真理であり、自己存在は「交わり―内―存在 (In-Kommunikation-Sein)」であり、真理は、「交わり的―実存的 (kommunikativ-existentiell)」に獲得されるべきであるという[*37]。このように交わりを哲学の目的を達するための単なる方法論として位置づけるのではなく、哲学の本質に深く関わり、存在論を基礎づける役割をもたせている点がヤスパース哲学の特徴である。

3．ヤスパース哲学と宗教

　宗教にも古今東西さまざまな形態があるが、ヤスパースが哲学との関連で議論しているものは、「聖書宗教 (die biblishce Religion)」である。これは聖書を聖典もしくは重要な書物として位置づけている宗教であり、ユダヤ

第 I 部　開かれた哲学

教、キリスト教（ギリシヤ正教、カトリック、プロテスタント）、そしてイスラム教である[*38]。彼が聖書宗教に注目する理由は、ヨーロッパの文化においてギリシヤ哲学と並んで聖書が大きな思想的源泉になったと考えているからである。ヤスパースの育った家庭環境は、宗教的というよりはむしろ哲学的であり、特に父親からその影響を多く受けたと思われる。しかし、彼の故郷であるオルデンブルグはプロテスタントの強い北ドイツの風土にあり、その中でヤスパースはキリスト教と自分との関わりをいかにすべきかという問題を間接的に感じていたに違いない[*39]。また、生涯の伴侶であったゲルトルートはユダヤ教のバックグラウンドをもっていた。ヤスパースの哲学にゲルトルートのユダヤ教信仰がどのように影響を及ぼしたかは、ヤスパースの人物史的研究成果に委ね、ここでは割愛する。少なくとも、宗教と哲学の対比においてユダヤ教の聖典である旧約聖書を彼が頻繁に引用している点[*40]が注目される。また、東洋の宗教に関しても彼は多くの関心をもち、仏教に関する著作も（ブッタ、竜樹）ある[*41]。彼はキリスト教に限らず、東西の既成宗教の枠を越えた領域を見据えつつ、自由な信仰の在り方を模索していたのである。

　しかし、ここでは当面聖書宗教に限って論を進めていくことにしたい。ヤスパースは、1947年バーゼルでの7回にわたる特別講演を行った。その一つ「哲学と宗教」の中で、彼は哲学と宗教における祭式の有無、聖と俗の峻別、共同体の有無など外面上の対立を指摘しつつ[*42]、相互間の共通性を神の観念と祈りと啓示において説明した。この三点を契機に哲学と宗教の基本的性格をここで明らかにしていきたい。

　第一に、神の観念に関して宗教（聖書宗教）は一神論の立場をとる。つまり、神は唯一の神であり、旧約聖書に記述されている天地を創造した神、イザヤやエレミヤなどの預言者を通して人間に働きかける神である。キリスト教において、神は三位一体の原理から新約聖書に登場するイエス・キリストにおいて証されている。しかし、ヤスパースは三位一体論を受け入れていないため、イエス・キリストを神とは認めていない立場をとる。ここにおいて、人間の姿をとる神、つまり、神の「具象性（Leibhaftigkeit）」[*43]

は否定されるのである。彼によれば、「宗教は主に具体的なものを求めていくが、哲学はもっぱら内面的な力を備えた確実性（wirkende Gewissheit）を求める」[*44]のである。一方、哲学の神は宗教のように共同体ではなく個人の内面に刻み込まれてきたものである。宗教の神観念が預言者たちの意識の中で、また共同体の中で生き生きと受け継がれてきたのに対して、哲学の神観念は、個人の思惟において、具象性をもたず、ある意味で抽象的に保たれてきたものである。ヤスパースは神観念の優劣を競うわけではなく、両者がヨーロッパの神観念を指導してきた事実に目を向けているのである[*45]。（神の観念に関しては第4章で扱う）

　第二に祈りに関してである。ヤスパースは宗教における祈りが共同で行われる祭式と比較して個人的活動である点が哲学との共通点をもち得ると考えている。

> （前略）現実的人格的かつ根源的なものとしての祈りは、哲学的思考の極限に位置している。そして、神性に対して実用的な目的をもってかかわる関係や実在的にはたらきかけようとする意志が消失する瞬間には、こうした祈りは哲学となる[*46]。

　キリスト教において祈りは神との対話、神の呼びかけに対する応答であり、「人格的な自覚による精神活動」[*47]である。神の具象性を否定し、人格を認めないヤスパースにとって上記のように哲学と祈りとの接点を認めようとすることには無理があるように思える。実際、彼はその直後に宗教における人格神への祈りと哲学における瞑想との相違を「断絶（Sprung）」として表現しているのである[*48]。
　ヤスパースは瞑想を「暗号解読（Chiffrelesen）」の方法の一つとして考えている[*49]。暗号解読とは神の存在をこの世において間接的に認識することである。（暗号については第3章でさらに説明する。）瞑想は彼によると宗教的な祈りではなく、直観によって神を感ずることと言えよう。彼は「祈りとは哲学することの限界を示すのだ」[*50]とも述べているが、先に指摘したように文

字通り受け取ると祈りと哲学の共通点と矛盾することになる。こうした矛盾は、包越者において人間の存在が多様に現されるように、神の存在も多様な形式を取りうることを考えると[*51]納得できるかもしれない。しかし、祈りと瞑想において露呈した神と人間との関係の不明瞭さは、ヤスパースの哲学において宗教における啓示の概念と哲学における暗号との複雑な関係に引き継がれているのである。

　第三の啓示において宗教と哲学の根本的相違が一層露わにされる。ヤスパースは、啓示が宗教の基礎となっていて、神がこの世において直接告知されることであると述べている[*52]。さらに、啓示は宗教の共同体（教団、教会など）の中において効力があるのだと言う[*53]。これを突き詰めて解釈すると、キリストの十字架もキリスト教の教会において有効であり、教会の外では啓示として効力がないということになる。このような教会の中に啓示を押し込めてしまうようにみえるヤスパースの啓示理解は、キリスト教が教会中心の宗教である側面を言い当てていると同時に、教会の外に開かれていないキリスト教の啓示信仰の排他性を指摘しているとも言えよう。

　啓示は本来理解不可能な神が人間にとって理解可能になることを意味している[*54]。この理解可能ということをどのように受けとめるかによって、宗教と哲学の立場が明確に異なるのである。ヤスパースは、神が理解可能であることを極力避けようとする。啓示が有限なものとして人間の言葉によって伝達可能となることは、彼にとって耐え難いことなのである。「人間の言葉はもはや神の言葉ではない。」[*55]と言うヤスパースの主張の中に、神と人間との埋めがたい大きな淵を見てとることができる。プロテスタント神学もこの神と人間との断絶を強調する傾向があるが[*56]、礼拝で説教が「神の言葉」として位置づけられるように、啓示による神の伝達可能性を残している点では両者の関係は連続していると言える。

　ヤスパースは、暗号をキリスト教の啓示に代わる神の言葉として提示している。キリスト教がイエス・キリストという固有の啓示を中心にしているのに対して、ヤスパースの暗号は、ある意味で不特定のあらゆる存在がなり得るのである[*57]。しかも、暗号は認識の対象となりえず、啓示と異な

り知的に理解可能なものではない。あくまで直観を通して、聴取されるもの[*58]と言うのである。暗号の意味を知的に理解する、即ち解釈することはヤスパースにとって許し難い行為であろう。聖書の非神話化をブルトマンと議論した時に、まさにこの点において両者は激しくぶつかったのである[*59]。(ブルトマンに関しては第3章でさらに説明する。)確かにヤスパースの暗号は、神の言葉による有限化を避け、対象としての認識不可能性を提示することで神(超越者)の領域を確保することに貢献したのは事実である。しかし、それによって暗号の認識不可能性が直観による「我有化(Aneignung)」[*60]に至り、彼の意に反して結果的に神と人間との関係の神秘性を深めてしまったのではないだろうか。暗号解読の方法の一つに実存的瞑想を掲げていることは、これと無関係ではないであろう。

　これまでの説明で明らかなように、神との直接的な関係を最後まで認めず、常に距離を確保することがヤスパース哲学の立場である。哲学と科学との関係は、認識の深まりにおいて連続したものであった。どちらも人間の知覚、思考という行為において包括できるものである。しかし、哲学と宗教の関係は、人間からの一方的な行為だけを問題にすると説明不可能となる。つまり、神と人間との双方向の行為、(神による啓示と人間の祈り等)を問題にしなければならないのである。哲学的思考のみで神からの行為を説明しようとすると、ヤスパースのように神の人格や具象性、啓示の直接性を否定せざるを得なくなる。これに関する説明は、神を前提とした意識、つまり信仰によって初めて可能となるのである。それ故、ヤスパースが指摘するように哲学と宗教は相互に異なる極をもつのであり[*61]、決して科学と哲学のような連続性をもたないのである。

　しかし、このような哲学と宗教の非連続的関係が即、両者の分離につながらない点がヤスパース哲学の特徴といえる。彼は、キリスト教の排他性に触れつつ、その閉鎖性を指摘したが、逆に哲学の公開性と哲学に対する宗教の必要性を認めているのである。たとえ、宗教が哲学を受け入れないとしても、哲学は宗教に常に対話の扉を開いており、両者の根源が異なるが故の緊張関係を保ちつつ、出会いの可能性を残しているのである[*62]。

第 I 部　開かれた哲学

　ヤスパース哲学は、知識の所有を目的とせず、常に他に開かれた実践的哲学である。実践的とは、単に有効性を意味するのではなく、主体的思惟活動、つまり、自分にとって何を意味するのかを問い、一つの答えに固執せず、常に問い続ける態度を示していると言える。固定化(ドグマ化、対象化、体系化)を避ける彼の哲学の特徴は、反対に、運動や生成を強調することになる。この傾向は、ある意味では安定性を欠き、常に問いを立て続けなくてはならない衝動と、不安を自己に内在させることにもなる。宗教のように、どこにも絶対確実な答えは見出せないのである。
　一面、特定の教義をもたないことによって、他者に開かれる哲学的態度も可能になると言える。だからといって、これが彼の哲学の無秩序さを意味していることにはならない。確かにヤスパースは哲学のドグマ化、体系化を避けているが、彼の哲学における存在論や認識論、実践論はそれぞれ包越者、暗号、交わりの概念の中で段階的に説明され、綿密に秩序立てられているのである。ただ、彼が生涯自分の哲学を一つの完結したものとして閉ざさず、ヤスパース学派といったものを敢えてもたなかったように、哲学が一人の人間の固有な思惟の中に息づくものだということを自ら示そうとしたと言うことはできるだろう。
　哲学が静的な知識の体系でなく、哲学することという個人に生きる動的な行為であり、一人の人間の生き方そのものであると言うヤスパース独自の哲学に対する考え方が、常に問いに対する答えを固定化しない姿勢となったと言える。ヤスパース哲学の特徴である開かれた実践的思惟活動は、一つの体系の中に沈潜するのではなく、様々な分野に応用されていくことによって本来的に活かされていくのである。
　次章では、開かれた哲学としてのヤスパース哲学が、特に教育の分野でどのように展開されるのかを考察する。

第1章　ヤスパース哲学と科学・宗教

〈註〉
1．ヤスパース哲学の概観を紹介した文献を大きく3タイプに分けると次のようになる。
①ヤスパースの代表的著作を紹介
②ヤスパース哲学の中心的概念を通して概観
③他の学問との対比による特徴づけ

　ジャンヌ・エルシュの『カール・ヤスパース―その生涯と全仕事―』(北野裕通・佐藤幸治訳　行路社　1986年)。Hersch, Jeanne : *Karl Jaspers eine Einführung in sein Werk*, Serie Piper Bd. 195, 1990. は、①の代表的例といえる。彼女は、第1部にヤスパースの人生、第2部から著作の紹介と中心的テキストの内容を詳しく説明している。

　多くの日本の研究者は、②のスタイルをとっている。特に、中心概念として実存と理性を軸にまとめているものが目立っている。重田英世の『ヤスパース』(人類の知的遺産71　講談社　1982年)はヤスパースの生涯を詳細になぞりつつ、思想の部分では実存概念の紹介に多くのページを割いている。草薙正夫の『実存哲学の根本問題―現代におけるヤスパース哲学の意義―』(創文社　1962年)においても実存と他の概念との関係(理性、交わり、歴史など)においてヤスパース哲学を概観している。羽入佐和子の『ヤスパースの存在論』(北樹出版　1996年)は、インド哲学とヤスパース哲学の比較を試みている点で新しく、ヤスパース哲学の存在論の中心概念である「包越者(das Umgreifende)」を軸にまとめている。教育哲学の分野からヤスパース哲学を分析した増渕幸男の『ヤスパースの教育哲学研究』(以文社　1989年)は、「交わり(Kommunikation)」や「生成(werden)」が中心でありつつ、ヤスパース哲学が教育の理論にどこまで貢献可能かを模索している点に特徴がある。また、政治思想からアプローチした寺脇丕信の『ヤスパースの実存と政治思想』(北樹出版　1991年)は、実存概念が中心でありつつ、ヤスパースの歴史哲学や政治哲学に視野を広げて展開している点が他と異なる。

　ザラムンの『カール・ヤスパース―開かれた地平の哲学―』(増渕幸男訳　以文社　1993年。Salamun, Kurt : *Karl Jaspers*, Grosse Denker, C.H. Beck 1985)は、ヤスパースの生涯や著作、中心的概念を紹介している点では①②と同じであるが、後半部分で哲学と科学、哲学と宗教の章を設けている点に特徴がある。シュッスラーの *Jaspers zur Einführung* (Schüssler, Werner : *Jaspers zur Einführung*, Junius Verlag GmbH Hamburg 1995) において哲学と科学、宗教との区別の章が設けられている。

2．哲学を過去の知識の所有や蓄積を目的とするのではなく、生の意味を主体的に問う運動としてヤスパースは捉えていた。カントの哲学的思惟の影響やマックス・ウェーバーとの出会いなどが「哲学すること」の出発点となったと考え

られる。
3．増渕は、「ヤスパースが一貫して遂行している内的姿勢の一つは、固定的・客観的な真理に対する批判的態度であり、いかなる真理も体系的に完成されたものとは見なさないという、開かれた哲学の解明である。」と述べている。
　　（増渕　p.387）
4．UZG S.110
5．ibid.
6．ibid.
7．ibid., S.111
8．Salamun S.131（p.178）
9．ibid., S.132（p.180）
10．IU S.45
11．ibid., cf. VdW　S.943, 954, 966
12．PhI S.320（p.380）
13．これについて、ヤスパースは『大学の理念』中で科学の限界として以下の三つを上げている。①存在認識の欠如②生の意味と根源の導き不可能③自らの意味（科学とは何か）に対して返答不可能（寺脇 pp.75-77 cf. IU S.45-46）
14．寺脇 p.77
15．「科学の純粋さは哲学の純粋さを要請するのである。」（WP?S.191（p.216）
　　cf. 哲学する者は科学的方法に精通することを欲するのである。（ibid））
16．「包越者(das Umgreifende)」をヤスパースは、哲学的思惟の基礎となる「哲学的な根本思想（ein philosophischer Grundgedanke）」（Ein S.24）であるとしている。彼は、包越者を「我々である存在」と「存在自体」の二つに分け、前者に「現存在（Dasein）」、「意識一般（Bewusstsein überhaupt）」、「精神（Geist）」、「実存（Existenz）」を後者に、「世界（Welt）」と「超越者（Transzendenz）」が属するとしている。「理性（Vernunft）」はこれらすべての存在様式を結びつけるものであるという。（VdW 47 ff., S.1023, PGO S.112）
　　各存在様式は、次のように説明されている。

　　〈我々である存在〉
　　　現存在……「現存在とは、始まりと終わりのある生きた存在であるような包越者であり、それ自身は現実性の空間であって、そこには、私と、私にとってあるものの一切がそこに存在している。」（VdW S.53）羽入は、「私と、私にとってあるもの」に注目し、現存在が私という主観だけではなく、個々の主観によって捉えられる世界も含んでいると指摘している。ただ、その際世界は主観と独立して存在する客観としての世界とは異なるという。また、現存在には、「現に存在する」という充実と、時間の支

配を受けざるを得ない否定性という二重性をもっているという。(羽入 pp. 42-43)

意識一般……「一切のものにおける一にして同一な意識」(VdW S. 65)。我々は、意識一般によって諸対象に対し普遍妥当性を求めることができる。しかし、意識一般は諸対象の根源を照らし出す明白さをもっていない。(cf. 羽入 p. 44) それにも関わらず、意識一般は、対象を認識する際の基本的知覚能力としての働きをもっていて、形式や範疇の現実化において展開される重要な思惟である。それ故、「思惟の歴史は、現れ出てゆく意識一般の歴史である。」とヤスパースは述べている。(VdW S. 67)

精神……「精神は、思惟と感情と行動とにおいて［それらを］まとめている全体者(Ganze)であって、導きとして現存し、分節化と限定設定と尺度づけとを通じて働くものである。」(VdW S. 71) 精神は現存在のような個別的現実だけではなく、一切のものに関わる現実性でもあり、内面的運動という点では意識一般と同じ働きをもつ。しかし、意識一般のように普遍妥当性を捉えるよりむしろ動的に人間のあらゆる創造的活動の軸、または理念のような働きをする自己の存在様態として捉えられる。(cf. 羽入 pp. 44-45, VdW S. 71)

実存……包越者を主観の側から内在的に捉えた場合は現存在、意識一般、精神の様態をとるが、さらに超越的に捉えられると実存となる、と羽入は述べている。(羽入 p. 45) また増渕は、「可能的実存(mögliche Existenz)」に触れている。それは、人間の生が多様な状況下で不満(Ungenügen)を体験し、そこから脱出しようとし、無制約的な存在に関わることによって本来的自己を目指そうとする存在を意味している。(cf. 増渕 pp. 219-220) ヤスパースは、実存を「内なるものの最も内なるもの」(VdW S. 76) や「自己存在(Selbstsein)」(ibid.)、「私があるところの一切と世界のなかで私にとって本来的な存在意義をかち得るものの一切がそれをめぐって回転するような、軸(Achse)とも言うべきもの」(ibid.) とも述べている。このような実存の多義的表現はそれ自体が科学の対象になりえず、客観化可能なもののなかに両義的に現象するからである。(cf. VdW S. 77)

〈存在自体〉

世界……「それ(世界)は、現象として世界存在がわれわれに近づき得るものとなっているその一切の現象が、そこからわれわれに対して生じてくるところのものである。」(ibid., S. 85) 世界は認識の対象として捉えられるものではなく、客観として内在的に存在するものの一切を意味している(羽入 p. 48)。我々が認識可能なものは、世界の中にあり、決して世界そのものではない。世界は一つの理念(Idee)である。(cf. VdW S. 91,

DphG S. 17)

超越者……「われわれが、実存である場合、経験的に指示されえない他者が超越者である。」(VdW S. 107) 超越者は世界と同様、自己に対する他者(Andere) である。自己が現存在、意識一般、精神である場合の他者は、世界であり、それは対象化できない内在的な他者である。それに対して、超越者は、自己が実存である場合であり、「超越性をもった主観にとっての他者」(羽入 p. 48) である。われわれは超越者において、また超越者によって「われわれ自身であり、自由である」。(VdW S. 107)

〈すべての包越者を結び付ける理性〉

理性……「理性は包越者のすべての様態の紐帯(Band)であり、またすべての様態におけるすべての形態の紐帯である。」(ibid., S. 114)

ヤスパースの理性概念は、カントの理性を基本的に継承していると考えられる。しかし、彼はさらにカントより包括的な性格を理性にもたせている。これに関して寺脇は次のように述べている。

「ヤスパースの理性の統一概念は更にカントよりも包括的であって、理性は個々の科学を、また哲学の領域においても、或いは各人の現存在や世界を含めてあらゆる包括者を結合する紐帯の役割を果たす。その意味において理性は《《包括者の諸様式の地盤と紐帯》》なのである。」

(寺脇 p. 95)

17. 悟性認識によって得られる知をヤスパースは「対象知 (gegenständliches Wissen)」と呼んでいる。(VdW S. 21-22)
18. 真理を探求することは、換言すると「根本知 (Grundwissen)」を求めることである。KSD S. 46, VdW S. 22
19. WP? S. 193 (jp. 220)
20. ヤスパースの教育哲学をソクラテス的教育と考えることもできる。(WE? S. 43-44, cf. 増渕 p. 294, 307)
21. PhII S. 54 (jp. 65) , VdW S. 375 (第2巻 jp. 288)
22. PhI S. 320 (jp. 380)
23. ibid., S. 321
24. ibid., S. 320 (jp. 380)
25. PhII S. 58 (jpp. 69-70) , S. 109 (jp. 127) , VdW 377 ff. (第2巻 jpp. 291-)
26. PhIIS. 49 (jp. 60)
27. 「哲学は哲学以外のものからは規定され得ないのである以上、哲学の定義は存在しない。」WP? jp. 220
28. ヤスパースは人間が真理を求めて途上にある存在である (Der Mensch auf dem Wege zur Wahrheit) という理解に立っている。cf. PGO S. 463 (jp. 503) これは哲学する人間の基本的在り方であるといえる。

29．山下太郎ほか著、『哲学思想の歴史』公論社、1983 年、p. 5
30．Ein S. 23『哲学とは何か』(林田新二訳　白水社　1986 年　jp. 26)
31．Ein S. 112 (哲学入門 (草薙正夫訳) 新潮文庫　1959 年　jpp. 179-180)
32．ibid.
33．ibid., S. 23,(『哲学とは何か』jp. 25)
34．ibid.
35．「存在するものはすべてある意味で交わりにおいて存在する」VdW S. 375 (2 巻) p. 287, cf. PhII S. 57 (p. 68)
　　ヤスパースの理性概念は、カントの認識論における二律背反を乗り越える努力の中で生み出されたものでもある。すなわち、主観と客観という二元論的方法のみで捉えることが不可能な存在をいかに位置づけるか、が大きな彼の課題であった。[Cf. PhII 338 ff.「主客の一体化は、客観性が理念になり、主観性が人格性になるときの全体の円成において (in der Rundung zum Ganzen) のみ、達成される。」(S. 342) cf. PhI S. 101-102 (pp. 127-128)「主客分裂」の概念がカントの二律背反との関連で述べられている。]彼は包越者という概念によってこの課題を解決しようとしたが、その際に様々な包越者を結びつける働きとして理性を考えたのである。[Cf. VdW S. 113 (jp. 232), cf. ヤスパースは悟性 (Verstand) が対象の固定化を促進するのに対し、理性を絶え間ない運動として捉えている。(Ex S. 51, cf. PGO S. 128 (jpp. 136-137)、「理性は全体的な交わりへの意志 (der totale Kommunikationswille) である。」(VdW S. 115 (jp. 236)) カントの理性概念との比較に関しては、寺脇 p. 95 参照のこと。cf. 深谷潤、「交わりの超越的契機」平安女学院短期大学紀要　第 27 号　1996 年]理性のこの働きは、「交わり (Kommunikation)」としてさらに展開され、彼の哲学を他者に開かれたものとして豊かにしていった。ここでいう他者とは、自分以外のすべての存在を総称しているものであり、必ずしも人間に限ったことではない。
36．Schultheiss, S. 99
37．ibid., S. 100
38．DphG S. 69
39．ヤスパースの幼年期に関しては『哲学的自伝』、『運命と意志』、ザーナー著『ヤスパース』(重田英世訳　理想社　1973 年　Saner, Hans: *Jaspers*, Rowohlt taschenbuch Verlag 1987) を参照。
40．旧約聖書の点についてツァールントとヤスパースは次のような対話をしている。
　　ツァールント「あなたにとっては聖書宗教の重点は明らかに旧約聖書にあります。」
　　ヤスパース「旧約聖書がなかったとしたらキリスト教は存続し得ず、とっくの昔に消滅してしまったのではないかという方がまったく本当らしいと

第 I 部　開かれた哲学

　　　思っているのです。」ヤスパース・ツァールント『哲学と啓示信仰』（新井恵雄訳　理想社　1966 年　jpp. 96-100 Karl Jaspers/Heinz Zahrnt : *Philosophie und Offenbarungsglaube*, Furche-Verlag 1963）
41．Buddha und Nagarjuna, in: *Die grossen Philosophen*, R.Piper & Co., 1957
42．DphG S. 62, cf. WP? S. 198-199（jp. 228）
43．PGO S. 432（jp. 468）
44．DphG S. 62 cf. WP? S. 199（jp. 228）
45．ibid., S. 64, cf. WP? S. 200（jp. 231）
46．ibid., S. 65, cf. WP? S. 201（jp. 231）
47．熊野義孝著、p. 15 in: 東京神学大学神学会編『キリスト教組織神学事典』教文館 1992 年
48．DphG S. 65, cf. WP? S. 201（jpp. 231-232）
49．ヤスパースは暗号解読の方法として、「内的行為（das innere Handeln）」と「実存的瞑想（existentielle Kontemplation）」の二つを例に上げている。PhIII 151 ff.（jp. 170-）
50．ibid., S. 152（jp. 172）
51．神の存在は一つであるが、包越者の存在様式に応じて、「存在（Sein）」、「本来的実在性（eigentliche Wirklichkeit）」、「神性（Gottheit）」、「神（Gott）」など多くの名前をもつ。cf. VdW S. 111（jp. 228）
52．DphG S. 65, cf. WP? S. 201（jp. 232）
53．ibid.
54．北森嘉蔵著、p. 88 in: 東京神学大学神学会編『キリスト教組織神学事典』教文館 1992 年
55．WP? S. 201（jp. 232）
56．バルトと E. ブルンナーの自然神学論争において、自然と恩寵の接点の有無が議論された。(菅円吉 pp. 168-171) 日本においてバルトの主張する人間から神への道の断絶という理解が主流となっている。近年この議論に関して新たな研究がなされている。
　　　cf. 寺園喜基著「『生の光』―バルト『教会教義学』第四巻第四分冊におけるキリスト論の意義」in:「テオリア」九州大学教養学部　第 31 巻 1992 年 pp. 65-81

　　〈自然神学論争に関する参考文献〉
　　Barth, Karl : *Kirchliche Dogmatik II-1*, 3. Auflage, 1948, S. 1-200
　　　―――――― : *Kirchliche Dogmatik III-2*, 1. Auflage, 1948, S. 214-233
　　　―――――― : *Nein!*（Antwort an Emil Brunner）, Theologische Existenz Heute, 1934

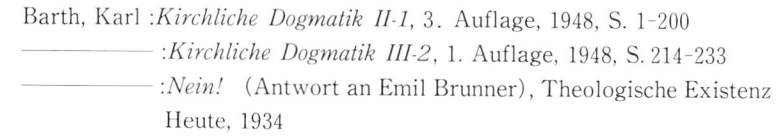

Brunner, Emil :*Natur und Gnade*（Zum Gespräch mit Karl Bart), 1934
　　──────:*Offenbarung und Vernunft*, 2. Auflage 1961 S. 73-97.
57．「暗号でありえないようなものは何も存在しない。」PhIII S. 168（jp. 191）
58．暗号は聴取されるものであり、認識不可能である。cf. VdW S. 1033（第5巻 jp. 334), PGO S. 430（jp. 466)
59．ブルトマンとの論争は『聖書の非神話化批判』にまとめられている。
　　cf. 深谷　潤著「暗号」としてのイエスに関する一考察、キリスト教教育論集第5号　1997年　p. 16
60．ヤスパースの言う「我有化」とは、科学における悟性認識と異なり、哲学本来の主体的思惟行為、すなわち「哲学すること」における知の獲得である。我有化の対象となるものとして過去の偉大な思想を例として上げている。cf.「我有化は可能的実存が他の実存の自己存在と出会うことを求めて過去のものにたよることである。」(WE? 239 ff.)
　　cf. 深谷　潤著「習得」をめぐる諸問題、平安女学院短期大学紀要　第25号、1994年　pp. 41-50
61．WP? S. 197（jp. 226)
62．PGO S. 479 ff.（jpp. 519-)

第2章　ヤスパースの教育哲学

1．実存哲学に基づく教育学の課題

　ヤスパースは、科学や政治以外にも教育を実存哲学の立場から考察した学者としても位置づけられる。しかし、日本では、その分野に関して彼よりもむしろO.F. ボルノー（Otto Friedrich Bollnow 1903-1991）が有名であり、またその影響も大きい。そこで、まず実存哲学に基づく教育学をボルノーの教育哲学を踏まえてから、ヤスパースの教育哲学を考察することにしたい。

　ボルノーは、1966年9月から11月にかけて来日し、全国の大学等で多くの講演をした。彼の教育理論は、ハイデッガー、ヤスパース、そしてディルタイ等から哲学的影響を受けている。そして、ボルノー自身、実存哲学と教育学の接点以上に、それらの対立点を十分に認識していた。しかもこの対立は、表面的なものではなく、両者の根源的基盤に関わる問題である。これについて、彼は『実存哲学と教育学』の中で次のように述べている。

　　(前略)実存哲学の基盤では、教育なるものは不可能であり、したがって、教育というような考えに長くかかわっているのは、無駄であると見なされる。これに対して、教育学の面からは、実存哲学のくわだては、実りなき極端なやり方であって、まじめに考慮しても引き合わない、とみなされる。このようにして両者は、共通の基盤において互いに出会うことをなしえないのである[*1]。

このような両者の水と油のような関係を成り立たせている要因には、主に次の二つがあると考えられる。

　第一に、実存哲学のもつ自己閉鎖的傾向である。それは、彼によると「実存哲学は私的な範囲（private Sphäre）に逃げ込んでしまう危険がある」[*2]と表現される。20世紀初頭のヨーロッパを中心に、実存哲学は巨大な組織や体制の中で個人の人間性が喪失した社会に一人一人を見つめ、人間性の回復の方向性を示した。同時に、その方向性が批判の対象ともなった。つまり、実存哲学は、その思考の方向が自己の内部に集中するあまり、他者の存在を意識できなくなり、または極度に意識しすぎ、他者を拒絶・排斥し、自己の中に閉じこもる危険性も含んでいるというものである。「私的な範囲に逃げ込んでしまう」というボルノーの言及は、教育という他者の存在を必然とする人間の営みに実存哲学が寄与可能な領域はないのではないか、という疑問を生じさせる。

　ボルノーはまた、教育の観念について個人主義的意味と集団主義的意味に分けて説明している。彼によると、教育は、個人主義的には「自力で自分の生活を行う能力を、成長する者たちに伝える必要な措置すべて」[*3]であり、集団主義的には「古い世代が新しい世代の各員に、社会全体の中での自分達の役割を引き継ぐことを可能にさせる、あらゆる措置」[*4]であると言う。彼はどちらか一方を選択すべきではなく、両者の特徴を認めつつ社会と個人の関係の中であるべき教育の意味の可能性を探っている[*5]。このような教育の観念は、広い意味で世代間における文化の伝達を意味していると言える。それは、人間の存在が孤立したものではなく、他者との共存を必然とする社会的なものであること、また、伝統や文化を継承する存在として歴史的なものであることを前提としていると考えられる。このように、実存哲学と教育学の対立的関係の要因には、教育の観念がもっている文化の伝達、他者との共存、人間存在の歴史性が実存哲学の特徴である自己閉鎖的傾向によって十分機能しない恐れがあることが第一の要因と言える。

　第二の要因は、実存哲学が従来の教育観と著しく異なる形式を示す点である。ボルノーはこの形式を「非連続的(unstetig)」[*6]と表現している。彼は、

最初に『実存哲学と教育学』の中で、従来の教育観について説明している。その一つは啓蒙主義から導き出される教育の観念であり、「教育とは〈つくる〉ことである」という考え方である。〈つくる〉は"Machen"であり、手細工の仕事との類比から出てきた意味であり、"Bildung"(陶冶)の本来的意味はそこに由来するという*7。もう一つは、浪漫主義を源とする観念であり、「教育とは〈成長にゆだねる〉ことである」というものである。〈成長にゆだねる (Waschsen-lassen)〉とは、同じ箇所で「育成の技術 (Kunst des Pflegens)」とも言い換えられている*8。つまり、それは、外部からではなく、内部から自己自身の法則によって成長することを見守る消極的教育である。彼は、この二つの教育観を「機械的(手細工的)教育概念と有機的教育概念 (eine mechanische (handwerkliche) und eine organische Vorstellung von der Erziehung)」と呼んでいる*9。ここで重要なことは、ボルノーが、これらの共通点として「連続的な構成 (stetiger Aufbau)」*10や、「徐々に (allmählich)人間を完成に近づけるような教育」*11を見出していることである。つまり、彼は従来の教育観を「連続的」という言葉によって包括し、それに対立する表現として、「非連続的形式 (unstetige Formen)」を実存哲学の中に発見しているのである。彼は、実存哲学と教育学の関係を考察する際、「出会い (Begegnung)」「覚醒 (Erweckung)」「危機 (Krise)」などの非連続的形式の意義を説明した。これらは、従来の教育における成長・発達等の連続的形式とは別の思想的源泉に基づいている。彼はこれについて次のように述べている。

　　実存哲学においては、教育学的思考の二つの根本形式 (機械的・有機的教育概念)において前提された連続性の、まさにその根拠が、くつがえされるのである*12。

この非連続的形式の源である「実存 (Existenz)」概念*13は、ボルノーによると「本来、あらゆる持続的な形成をこばむもの」であり、「常にただ一瞬のうちにのみ実現され、しかもまた、その瞬間とともに再び消滅していく

ものである」*14と言う。しかし、彼の実存概念は、瞬間という実存的時間観念以前に、「世界・内・存在 (In-der-Welt-sein)」のようなハイデッガーの人間の存在論やヤスパースの「可能的実存 (mögliche Existenz)」としての人間存在という考え方が基礎となっている*15。どちらも人間の存在を現実的な視点と本来あるべき視点の二つから捉え、自分を超えた存在の根拠(ハイデッガーは存在そのもの、ヤスパースは超越者) との関係において「超越すること (Transzendieren)」が求められている。ボルノーは、どの実存哲学においても人間に関して本来性と非本来性の二元論を見出すことができると述べている*16。この二元論が非連続的形式の哲学的基礎になっているかどうか、この段階ではまだ保留にしておいたほうが賢明であろう。少なくとも、ボルノーは、従来の教育の連続的形式に対し、実存哲学から非連続的形式という概念を教育学に導入したことは確かであり、それが両者の対立をさらに浮かび上がらせる結果となった。

これまで論じてきた実存哲学と教育学の対立の二要因は、新たに次の二つの課題をもたらす。即ち、実存哲学の自己閉鎖的傾向と教育活動が社会的存在としての人間を前提とすることがどのように両立するのか、また教育の連続的形式と実存哲学の非連続的形式が相互にどう関係し、発展していくのかである。

さて、ここではボルノーが自己閉鎖的傾向の克服と連続・非連続的形式の止揚という先の課題に対し、どのような解決を試みたのかを検証する。

実存の自己閉鎖的傾向は、ボルノーが実存を「避難城 (Fluchtburg)」*17と表現したことにも見られる。仮に、他者との関係を絶つことが実存の特徴・本質であるならば、教育学の対象として実存概念は不必要であろう。ボルノーは、実存概念の教育学への適用の可能性をマルセルの「随意性 (disponibilité)」概念の中に見出した。随意性とは、「諸々の可能性に対して常に自己を開いておくということ」であると言う*18。実存哲学がニヒリズムに陥らないために自己の全存在をかけて決断するという「決意性(Entschlossenheit)」の特徴によって常に緊張を強い、さらに主観的な閉鎖性を伴う

ことと対照的[*19]に、この随意性には「くつろぎそして落ち着いて、瞬間の贈物に心を開いているべきことを、学ばなければならない」という徳があるとボルノーは指摘している[*20]。しかもこれは、実存哲学特有の「自己偏執」を自己の中で克服するものであり、さらに人間が努力によって獲得可能な一つの徳であるとボルノーは考えている[*21]。彼は随意性の人間に対する「要請(Forderung)」として「主観的な閉鎖の克服」と「未来との支持的な関係の獲得」の二つを上げている[*22]。ボルノー哲学において、前者は後者の実現によって可能となる。後者は「支持的実在性(tragende Realität)」[*23]として抽象的に表現されているが、ヤスパース的表現では「超越者」であり、キルケゴールにおいては「神」とも言える存在である。つまり、ボルノーは、随意性の徳の獲得が自己の存在の範囲内で可能となるのではなく、自己以外の超越的存在、つまり他者によって支えられているという自覚、あるいは他者によって与えられる安心感のようなものを感得することの重要性を説いているのである。

これに関連して、彼は「信頼 (Vertrauen)」が随意性の根本的な徳としてあるとも指摘している。この信頼は、「他の者への信頼、共同生活の支えとなる秩序(支えとなる制度)への信頼、生命全般への信頼」であると言う[*24]。さらに彼は随意性の徳として、「安らいでいること」(Getrostsein)、「忍耐」(Geduld)、「希望」(Hoffnung)、「感謝」(Dankbarkeit)をあげている[*25]。これらの徳の中で、不安や挫折を乗り越える際に、彼は希望を重要視している。

(前略) 底なしの淵へ没落するのではなくどうにかしてまた救い上げられるという確信を、人は希望と呼ぶ。希望はそれゆえに、世界への信頼関係の時間的な見方なのである。これがあらゆる「不安」とあらゆる「挫折」とを越えた、われわれの生活の究極の土台であり、そこでのみ意味豊かな計画と行動が可能となる、あらかじめ開かれた地平線なのである[*26]。

しかし、ボルノーはこの希望を何によって保証するのか明確にしていな

第Ⅰ部　開かれた哲学

い。希望の根拠が不明確のまま、現実の不安や挫折をどのように乗り越えていけばよいのか[27]、その指針をボルノーは示すことが果たしてできたのであろうか。ただし、間接的ではあるがその示唆を与えることは少なくとも可能であったと言える。それは、「恩寵（Gnade）」として宗教的次元の余地を彼の哲学の中に残した点である。彼は安らいだ気持ち（安らいでいること）の獲得は、恩寵のような形で人間に与えられると言及している[28]。恩寵と言う言葉は、キリスト教神学の用語でもある。彼は、キリスト教の影響を自ら認めながらも、既成宗教に囚われることなく、「存在信仰（Seinsgläubigkeit）」[29]と呼べる超越的な人間存在の根拠を信頼することの意義を見出している。この点はさらに探究されねばならないであろう[30]。

　以上の考察から、ボルノーは実存概念の自己閉鎖的傾向を少なくとも随意性の徳から信頼等の徳に基づいて克服しようとしたことが分かった。しかし、ボルノーがマルセルを経由し、最終的にこの課題克服の根拠としたものは、ゲーテやリルケなどの文学作品であった[31]。この点に関し、キリスト教神学と真正面から対決し、自らの哲学を研ぎ澄ましたヤスパースと比較すると、ボルノーの目指す「希望の哲学」にはある種の「か弱さ」が感じられる。それはまた、実存哲学のテーマである不安や挫折、絶望が、他者に対する信頼を喪失したところから生まれてくる現実に対し、結局ボルノーは返答していないのではないかという疑問として残されるのである[32]。

　さて、もう一つの課題である連続・非連続的形式の止揚をボルノーはどのように解決しようと試みたのであろうか。少なくとも『実存哲学と教育学』（1959年）の中では、彼自身明確な方法を提示できていたとは思われない。何故なら、彼は教育学における連続・非連続性の関係を次のように説明するに留まっていたからである。

　　（前略）実存的教育学の新しい形式が、ただちにそのまま人間全体にあてはまるのではないこと、さしあたっては特殊な実存的領域にのみ妥当すること、その他の生活の〈中に混じって〉、陶冶性の概念と、この概

念から展開した連続的形式の教育の一切の形式とは、あいかわらず充分な権利を保持していること、などの点を考慮しなければならない[33]。

一方で、彼は「実存的運動を絶えず新たに開始させること、そのことがすでに、極めて重要なことであり、疑いもなく教育的営みなのである」[34]と言及し、実存概念を教育の連続性の中になんとか組み入れようと努力している。この試みは、『教育的雰囲気』(1964年)において次元が異なった「新たな連続性」として結実する[35]。この新たな連続性は、広岡によると「庇護性・信頼・感謝・愛・忍耐・期待」などの諸現象を扱う際の「生の諸過程(Lebensvorgänge)」であると言う[36]。これらは、先述の信頼概念や随意性の徳と重なっている。例えば、忍耐は、人間の生において継続して他者を信頼することにおいて初めて可能となる。さらにこの忍耐は、「誠意ある人間の努力の他に、同時に、恩寵の形でのみ人間に与えられる、もっと別なもの」が前提とされたところで意味が深まると言う[37]。ここから分かることは、新たな連続性とは、人間を時間的な継続性を前提とする成長・発達の視点からではなく、人間を支え、守る別の大きな存在を前提とした超越的視点から生まれてくるものである。恩寵という表現はまさに自分の存在以外から「与えられる」ことを意味している。高橋は、人間の生を自然・社会・文化における連続性と人格的層における非連続性に分けながら、さらにその上に「新たな連続性」として「上への超越」の次元を設定している。この次元抜きにはボルノーの思想を理解できないと彼は考えている[38]。

しかし、教育学における連続・非連続性の止揚が果たして、この新たな連続性の提示において解決されたと言えるのか疑問である。池尾は、ボルノーの教育学における貢献を「従来の『連続的教育学』に『非連続的教育学』を導入して、教育学の可能性を限界づけた点に見るべきである」と述べている[39]。彼のこの指摘が的外れでないことは確かである。同時に、ボルノーは、教育学の限界を実存哲学によって乗り越えようと試みた、と積

第 I 部　開かれた哲学

極的に捉えることも可能であろう。つまり、彼は人間の生を存在論的に深く捉え、超越的次元や半ば宗教的視点を導入することによってこの問題を解決しようとしたのである。いずれにしても、異なる二つの立場を乗り越えるには、別の新たな立場からの視点が必要となる。ボルノーにおいて、それが新たな連続性の根拠としての超越の視点であると考えることも不可能ではなかろう。仮に、実存哲学の自己閉鎖的傾向も、信頼と希望、恩寵によって解決へと進むと考えられるならば、結果的にその解決は、超越の次元において保証されていることになる。このような超越の次元は、ハイデッガーによれば人間存在を支える存在自体であり、ヤスパースによればすべての存在の源である超越者であり、キルケゴールによれば神の領域に属する。つまり、超越は、逆説的に実存哲学そのものを越えることを要求する概念であり、その結果、実存哲学にとって自己矛盾をもたらす「アキレス腱」となるのである。この点に関し、少なからず神学者や哲学者がそのアキレス腱を実存哲学の弱点、限界として批判している[*40]。

　改めて、ここでボルノーの教育学に対する功績を振り返ってみたい。彼は、教育学を人間存在の視点から考察したこと、さらに非連続的形式という新たな視点を教育学に導入したこと等大きな役割を実存哲学を通して行った。しかし、彼は人間存在の根本を支える存在そのものを論ずるよりも、むしろ人間存在そのものに力点を置いていたと思われる。彼が、自らの思想を「人間学的教育学」（Anthropologische Pädagogik）と呼んでいたことからもこのことが推測できる[*41]。だが、今までの考察からも明らかなように、人間存在の根本は、その方向性（希望）や存在の基盤（信頼）に関わるものである。しかし、彼の分析は、その根拠に関して十分とはいえず、また敢えて言及を控えているようにも思われる。そこでむしろ、彼が吸収したハイデッガーやヤスパースの哲学を改めて分析する必要があるであろう。

　ハイデッガーに関しては、ボルノー自身が回顧録で述べているように、彼の影響は『存在と時間』が中心である。そしてハイデッガーの「被投性」からボルノーは存在への信頼の概念を展開したと考えられる。しかし、人間存在の根拠をハイデッガーはあくまでも存在論的に考察し、哲学の範囲

に留めていた。それ故、ハイデッガー哲学から人間存在の根拠を新たな連続性や恩寵の解明を導き出すことは、困難であろう。ボルノー自身は、その問題が宗教で扱われるものであり、自分の取り組むべき課題と区別してしまった[*42]。つまり、ボルノー自身がもたらした二つの課題の根本にある存在への信頼の根拠を解明することは、人間学的考察の範囲外にあるという理由で放棄されてしまったのである。

　他方、ヤスパースに関しては、それについて多くの判断材料を提供している。特に、実存哲学自体を超越の視点から考察し、人間存在をある一定の概念の中に固定化せず、常に可能性をもって「生成」していく存在である、という立場が教育哲学的考察に多くの示唆を与えている。

〈註（第 2 章 1 節）〉
1．O.F. ボルノー著『実存哲学と教育学』（峰島旭雄訳）理想社 1987 年、jp. 23 O. F. Bollnow: *Existenzphilosophie und Pädagogik* (ExuPae), Verlag W. Kohlhammer, Stuttgart 1959, S. 18
2．O.F. ボルノー著『実存哲学概説』（塚越敏ほか訳）理想社 1976（1962）年 jp. 233 *Existenzphilosophie* (Exp), 7. Aufl. W.Kohlhammer, Stuttgart, 1969 (1943), S. 132
3．O.F. ボルノー著『哲学的教育学入門』（浜田正秀訳）玉川大学出版部 1973 年 *Einführung in die philosphische Pädagogik*, (EpP), jp. 14
4．ibid., jp. 17
5．ibid., jp. 20
6．ExuPae, S. 18, jp. 24
7．ibid., S. 17, jp. 21
8．ibid., S. 17, jp. 22
9．ibid.
10．ibid, S. 18, jp. 23
11．ibid.
12．ibid.
13．一般的に、実存概念（exstentia, existence, Existenz）は、認識や意識から独立して事物が存在する事実そのものを指す。形而上学的には本質に対立した概念として「現存」と訳される場合もある。トマス・アクィナスによって、本質と現存の区別が明確化されたと言われている。つまり、この意味では連続性の否定は含まれていない。ヴォルフが現存を「潜勢態の補全（complementum possibilitatis）」と定義し、その意味が現代の実存哲学によって強調されたと言う。キルケゴールによって、さらに歴史的、主体的人間の存在の事実として意味付けられ、ハイデッガーによって、存在論的意味が拓かれたと言われている。(哲学事典 平凡社 p. 603) ボルノーの強調する実存のもつ「瞬間」、換言すると非連続性は、哲学史上、ハイデッガー等に見られる現代の実存哲学的概念のもつ性格であると言える。ボルノーも自分の生涯を回顧する中で、ハイデッガーの『存在と時間』やヤスパースの『現代の精神的状況』等の影響が彼の中で「決定的な経験」として受け止められている。（cf.『思索と生涯を語る O.F. ボルノー』(『思索』) H.P. ゲベラー・H.U. レッシング編（石橋哲成訳）玉川大学出版部 1991 年 pp. 32-33)
14．Exupae, S. 15, jp 18, cf. ibid., jpp. 303-304,（訳者（峰島）あとがきより）cf. 思索』jpp. 59-60
15．Exp jp. 52-, S. 32-33
16．ibid., jp. 63, S. 37-38

17．水野清志著「ボルノーにおける実存主義批判とその克服の試み」in:『実存思想の可能性』実存主義講座 VIII、飯島宗享ほか編　理想社　1974 年　p. 128
18．ibid., p. 144
19．NG, S. 59, jp. 61, S. 54, jp. 55
20．ibid., S. 55, jp. 56
21．ibid, S. 56, jp. 57
22．ibid, S. 57, jp. 58
23．ibid., 150 ff. jpp. 171-172
24．O.F. ボルノー著『人間学的に見た教育学』玉川大学出版部　1973 年　jp. 93 (O.F. Bollnow: *Anthropologische Pädagogik*, (AP), Tamagawa University Press, 2 Aufl, 1973). cf. *Neue Geborgenheit*. (NG) Das Problem einer Überwindung des Existentialismus, Stuttgart, 4. Aufl., 1979 (1955), S. 19 ff
25．ボルノーはそれぞれの徳の意味を次のように説明している。
　＊安らいでいること (Getrost-sein) ……「安らいでいることの本質をなしているのは、安らいでいる人は自分を寝せつけてもよい、ということである。彼は、始終緊張して見張っているにはおよばない。なぜなら、彼は守護されているからである。」(NG. S. 59 jp. 61)
　＊忍耐 (Geduld) ……「忍耐はむしろ、人々が他の人間に期待したところまで、彼が［まだ］達していないこと、それ故、彼が自分の発展において期待に遅れをとっていること、に関わっている。」(NG. S. 78, jpp. 86-87)「忍耐することは、(略) 彼 (他の人間) に猶予を与える、ということである。(略) 同時に、我慢強い、そして譲歩的という第二の意味を得る。」(NG. S. 76-77, jpp. 84-85)
　＊感謝 (Dankbarkeit) ……「感謝の念は、(略) 究極的、宗教的領域に接触しており、生に対する一つの究極的関係の中で完結するが、生は、この関係の実現を贈物として―(略)「恩寵」として―受け取るのである。」(NG. S. 141, jp. 161) cf. 水野 p. 144
26．cf. NG, S. 113 ff. AP, jpp. 93-
27．ボルノーは、実存哲学の限界を乗り越える可能性を以下の事柄に見出している。
　(実存主義を乗り越えてゆく新しい運動の例として)
　「晩年のリルケのすでに挙げた転向や、ベルゲングリューンの完全に『健やかな』(ハイル) 世界の発見 (略)、またビンスワンガーにみられる愛の意識の世界にかんする詳細な研究や、クンツにおける憧憬の透徹せる解釈、またマルセルにおける先にあげた主要ないくつかの端緒、カミュのごとき決然たる実存主義者の『地中海的思想』への逆転、サン・テクジュペリーのみたような、また最近のハイダガーがはっきりと認めているような人間という現存在

の守りの家の重要性などを考えてみるがよい。そうしたところに、実り多い仕事を続けてゆく上に多くを期待させてくれる豊かな、驚くほどの新しい可能性が開けるのである。」Exp. 136 ff. jp. 240

28．NG. S. 65, jp. 69
29．ibid., S. 67, jp. 71, cf. S. 25, jp. 22（「存在信頼」Seinsvertrauen）
30．ボルノー哲学の宗教性については、以下の広岡の研究が参考になるであろう。広岡義之著『ボルノー教育学研究』（上）（下）創言社　1998年
31．NG, S. 171-172, jp. 171-172, ゲーテ、リルケ、ヘルダーリン、カミュ、サン・テクジュペリ等の文学からの影響も強い。
32．これに関しては、彼が人間学の立場から発言する姿勢を崩さなかったためと考えられる。
33．ExuPae, S. 23, jp. 32
34．ibid., S. 20, jp. 26
35．O.F. Bollnow: *Die pädagogische Atmosphäre*,（pA）, Heidelberg, 4 Aufl., 1970, S 110 f.
36．ibid., S. 111
37．NG, S. 85, jp.94
38．cf.高橋　浩著「ボルノー『希望の哲学』における生の二重構造と『超越』」、国際基督教大学学報、教育研究、第25号、1983年、p. 53
39．池尾健一著「実存的教育学への試み」in:『実存思想の可能性』実存主義講座 VIII、飯島宗享ほか編　理想社　1974、p. 242
40．以下の小田垣雅也の指摘は、実存哲学の限界と問題点を最も明確に示していると言える。
「（略）実存哲学は脱出の哲学であり、自由の哲学であるがゆえに構造上脱出のはてにあるもの、合理主義では実質に当たる確固たる根拠をもつことができなかった。そこには、人間の根源における不安が支配することになるのである。（略）キルケゴールやヤスパース、そしてマルセルにはこの場合、神が彼らの実存哲学の中に初めから前提とされている。（略）有神論的実存哲学は実存の果てに神を認めることが前提となる。これは逆に、実存は実存の中では完成できず、実存を超えた範囲を必要とすることの証明でもある。」（小田垣雅也著『知られざる神に』創文社　1980年）
41．NG. S. 65, jp. 69、の原注（7）において、人間学的考察の対象範囲について、恩寵との関連で言及している。
42．ゲベラー、p. 34, 46

2．ヤスパースの交わり論が残した課題

　実存哲学に基づく教育学の課題は、ボルノーが『実存哲学と教育学』(1959年)で示したように、自己閉鎖的傾向の克服と連続・非連続的形式の止揚であった。彼は、これらを随意性の徳の獲得と宗教的・超越的次元を視野に入れた新たな連続性の導入によって解決しようとした。しかし、この解決は、同時に実存哲学の範囲を限界づける結果となったのである。

　ヤスパースは、周知の通りハイデッガーと並びボルノーに多くの影響を与えた人物の一人である。ボルノーが「人間学的教育学」に限定することによって、あえて言及しなかった人間存在の根本に関わる領域を、すでにヤスパースは自らの存在論の中で極めて詳細に研究していた。彼は、教育学の専門家ではなかったが、その哲学は「交わり (Kommunikation)」の概念によって特徴づけられていることもあり、実存哲学に基づく教育学の研究者に多くの貢献をしている。そこで、次にヤスパース哲学の教育学に対する影響を検証する。それによって、ボルノー哲学によって露呈された実存哲学の限界が、どのようにヤスパースによって乗り越えられているのか、さらに、宗教的・超越的次元と教育学をヤスパース哲学においてどのように関係づけられるのかを考察する。

2．1．ヤスパース教育哲学研究の変遷 (1950〜1990年代)

　ヤスパース哲学を教育学の側面から考察した初期の代表的な先行研究は、H.ホーンの「実存、教育、教養」(1955) とマイヤーの「カール・ヤスパースの教育哲学」(1955) である[*1]。また、その後、トルケッターの「教育と自己存在」(1961) とスペックの「ヤスパースの『論理学』における教育学的問題性の特性について」(1963)が登場した。さらに、イベレールの「カール・ヤスパースの交わり概念の教育学的重要性」(1970) の研究によって、交

わり論が初めてヤスパースの教育哲学として扱われている[*2]。しかし、彼の研究はその内容の多くをマイヤーのものに依存しており、問題点も多い。その後、ヨウルダンの研究「交わり的教育学の可能性と限界」(1974)によって、本格的に交わり論を中心としたヤスパースの教育哲学が登場する[*3]。彼らの研究以降、ボック(1978)、シュルトハイス(1981)、ゴスリッヒ(1983)、フックス(1984)、ザラムン(1985)、レール(1986)、ブットナー(1992)などが続いている。また、国内ではまとまったものとして、斎藤(1982)と増渕(1989)の研究がある。(最近ボルノーとヤスパースの関係を中心とした豊泉(2001)の研究も加わった。)これらの先行研究を、まず、海外のものからそれらの特徴と交わり論の考察を中心に概観していきたい。

1950年代の比較的初期に属する代表的な先行研究は、ホーン、マイヤーである。その特徴は、ヤスパース哲学が教育学にどのように貢献できるものなのか、その意義を示している点にある。その際、鍵となるのは、「教育(Erziehung)」が「陶冶(Bildung)」と「実存(Existenz)」にどのように関わるのかという視点である。それでは、まずホーンの研究の特徴を説明していきたい。

ホーンの研究(「実存、教育、陶冶―カール・ヤスパースにおける教育と陶冶の問題と新しい教育学―」1955年)は、ヤスパース哲学の中に教育学的問題が潜んでいることを明示し、その教育学的意義を見出した点で重要なものである[*4]。彼は最初の部分で、ヤスパースの著作における教育の視点を年代順に検証している。例えば、『世界観の心理学』では、教育が常に愛において基礎付けられるとは限らない現存在における「不可避的な関係(unvermeidliches Verhältnis)」と位置づけられていると言う[*5]。また、『哲学』では、教育は、この世の目的をもった行為の方法(eine Weise zweckhaften Handelns)[*6]とみなされ、『真理について』では、「遊戯的で試作的な実践(spielende und versuchende Praxis)」[*7]と捉えられていると言う。これらは、教育をヤスパース哲学の諸概念の中で解釈しようとした初期の試みとして注目される。ホー

ンは、この研究で新たな教育学の構築を目指していた。そのために、ヤスパース哲学の特徴を活かすことの有効性を強調したのである。

例えば、彼の哲学が「具体的な状況 (konkrete Situation)」から生まれたものであると言及し、それが、哲学を教育学へ近づくことを可能としていると言う[*8]。この特徴が、ホーンによれば「新しい教育学」の特徴づけにヤスパース哲学が貢献する要素となるのである。彼は、この点について「ヤスパース哲学の貢献」の節で以下のように言及している。

> ヤスパースの哲学的思惟の中に科学としての教育学の特徴ある哲学的基盤の可能性が隠されている。何故なら、まさにその思惟、具体的な状況の中に基づいて開明しようとする思惟において、教育学的行動の特徴が明らかになるからである[*9]。

また、交わり概念の中で重要な「愛しながらの闘い (liebender Kampf)」をホーンは、哲学と教育学のあるべき関係に当てはめて説明している。「教育学と哲学は、固有性や真理を求める愛しながらの闘いの状況にある隠し立てのない開かれた一致 (offene Korrerspondenz) の中で出会う」[*10]と言い、両者のパートナーシップの重要性を指摘している。交わり概念を学問間に転用することは、本来のヤスパース哲学に沿うものではない。しかし、真理を求めて妥協なく議論すること、相手の立場を尊重すること、あらゆる批判に対して開かれていること等、交わり概念の基本的な特徴を比喩的に利用することは、その後の研究においてしばしば見られることになる。

次にマイヤーの研究「カール・ヤスパースの教育哲学―陶冶と実存―」（1955年）の特徴を説明する。彼の研究は、端的に言って、ニーチェとゲーテを手がかりにヤスパースの教育哲学を陶冶と実存の両極から分析したものである。論文の構成からみてもそれが明らかである。彼は第一部を陶冶に第二部を実存に、そして第三部を陶冶と実存の関係に割いている。

彼はまず陶冶の特徴を教育が実存的機会（Angelegenheit）を生むことと比べて、人文的（humanistisch）機会を生むものであると考えている。彼は、陶冶の特徴をさらに「世界定位（Weltorientierung）」、覚醒、充足、接近（Annäherung）、想起（Vergägenwärtigung）、習得（Aneignung）、解放、出会いとして説明している。これらの諸特徴をもつ陶冶は、最終的に以下の分裂した領域全体を貫徹するものであると言う。

1．自己　　　　　－　　世界
2．内的なもの　　－　　外的なもの
3．個人　　　　　－　　一般
4．過去のもの　　－　　未来のもの
5．自分のもの　　－　　他人のもの
6．自由　　　　　－　　権威
7．哲学　　　　　－　　科学　　　*11

そして、陶冶は、単なる「形成（Formung）」ではなく、むしろ「突破への道（Weg zum Durchbruch）」であるという*12。そのためには、見本となる絵（Bild）が必要である。その絵は、教育において人間を束縛する鋳型になる危険もあるが、逆に「原画（Urbild）」として、時間を超えて普遍的に影響を与えるものもある。ゲーテの文学作品や聖書はその意味で陶冶に貢献する「原画」なのである*13。

また、マイヤーは、ヤスパースに沿って実存の特徴を開明、実現、伝達の三方面から説明している。実存が自己や超越者と関係する自己存在であること*14、実存は相反する性格をもつ三つの極（自由と束縛、時間性と永遠性、公開性と隠蔽性（Verschwiegenheit））において実現されること*15、教師と生徒は同じレベルで出会うこと*16などが指摘されている。彼の説明で特徴的なものは、実存の伝達の項目において、ニーチェとヤスパースを併記して交わり概念を説明している箇所である。「ニーチェ：一人だけであれば常に間違っているが、二人であれば真理が始まる。」、「ヤスパース：交わりは常に

第 2 章　ヤスパースの教育哲学

二人の間で生じる。」[*17]ここでは、交わり概念が実存概念の説明の一部として扱われているだけであり、彼の研究においてはあまり重視されていなかったことがわかる。

　また、陶冶と実存のまとめとして、彼は陶冶を「連続性 (Kontinuität)」に実存を「飛躍 (Sprung)」に位置づけて性格付けを試みている[*18]。それによると、陶冶の連続性と実存の飛躍の契機は以下のように対立し、それらが統合されることが課題とされている。

連続性（陶冶）	飛躍（実存）
全体性 (das Ganze)	隔たり (die Kluft)
自由 (die Abhängigkeit)	根本的源泉 (der Ur-sprung)
基盤 (der Grund)	深淵 (der Abgrund)
つながり (die Brücke)	つながりの喪失 (die Brückenlosigkeit)
土台 (die Basis)	頂上 (der Gipfel)

　このようにマイヤーの研究では、しばしばある概念の特性のリストが作成され、そこに示されている諸特性の分裂を統合することが課題となっている。この分裂は、のちにトルケッターによって「二律背反的な根本関係」の批判として引き継がれている。

　さて、ホーンとマイヤーの後、1960 年代の代表的研究には、トルケッターとスペックがある。この時期になると、以前のようなヤスパース哲学の概観と教育学との関連を学問間の関係において意義付けるのではなく、ヤスパース哲学と教育学に共通する諸概念の探究の段階へ移行し始めている。特にトルケッターは、「自己存在 (Selbstsein)」という言葉に着目して論じている。彼は『教育と自己存在』(1961 年) の冒頭で「自己存在がヤスパース哲学の中核をなすものである」という立場を明確にしている[*19]。そして、これまでのホーンとマイヤーの研究は、ホーンがヤスパース哲学の入門的な概観を示していることに一定の評価は示しているものの、マイヤーには

体系的説明が不足し、ヤスパース以外の思想家をあまりに多く引用している、と批判している。さらに、彼ら二つの研究の欠陥を「教育と教養とにおける二律背反的な根本関係」を提示しなかった点としている[20]。彼によると教育は、自己存在が二律背反的に制約された根本性格をもっていることを絶えず意識するときに真に意味深い、とヤスパースの教育哲学を解釈している[21]。

　彼の研究は、第一部にヤスパースの自己存在の問題を二律背反や自己生成、歴史性、交わり、人格性との関連から、第二部で教育の基本的方式や本来的方法、教養の視点から説明している。彼によって示された「根本的な二律背反的性格」とは、「自立していることと、世界と超越者とに身を委ねていること」[22]である。この自己存在の二重の構造は、ヤスパースの『真理について』(1947年) において包越者論として展開するのであるが、まだ『哲学』(1932年) では充分ではなかった。トルケッターの研究は、その意味でヤスパースの存在論の前半部分しか取り込まずに自己存在を論じたものと言えよう。そのことは、彼の交わりに関する論及をみても明らかである。本来、ヤスパース哲学において交わり論と包越者論は分離して考察されるべきものではなく、両者は相互に深く関わり合っているのである。

　トルケッターは、第一部で「交わりの中での自己存在の実現」に論究している。しかし、そこでは交わりがヤスパースの存在論的性格から導出されているわけではなく、自己実現の手段としての役割に限定されている[23]。また、自己存在と交わりの存在論的分析はなく、むしろ交わりの源泉としての愛の重要性に説明の中心が置かれているのである。また、本来の教育の項目において、トルケッターは自己存在の二つの極とその領域を示し、それらが対立しつつ触れ合う領域において教育がなされる、と述べている[24]。つまり、彼のヤスパース理解によれば、教育はこれらの極による弁証法的原理によって行われるものである[25]。

　彼は、確かにヤスパース哲学の概念の中から教育学に関連付け得ることば (自己存在) を抽出し、その概念を教育学へ展開しようとした点に大きな貢献をしたであろう。しかし、彼のヤスパース哲学への理解が、カントの

二律背反の枠組みやヘーゲル的弁証法の形式から論じているため、二元論的記述が多くなっている。その結果、最終的な解決は、ほとんど同じように両者の弁証法的止揚となる。さらに彼の研究の根本的問題は、ヤスパースの包越者論の未消化である。この問題は、後のスペックによる研究に引き継がれている。

　スペックはホーンやマイヤー同様、陶冶を中心に研究テーマを置いていた。しかし、彼はさらに「包越者論における教育学的問題」の探究[26]を試みている。この姿勢は、ヤスパースの教育哲学を存在論的視点から性格づけようとするものであり、新しい試みであった。しかし、彼は包越者の非対象性の性格に触れ、ヤスパース哲学が従来の体系的な存在論とは異なる「包越者論 (Periechontologie)」であると言及するに留まっている[27]。残念ながら包越者論の教育学的解明は不十分と言わざるを得ない。その後の論究は、ほとんど「陶冶的思惟 (das bildende Denken)」と「悲劇的知 (das tragische Wissen)」に関するものとなっている。彼の研究で評価すべき点があるならば、それは、「陶冶が単なる知の所有だけではなく歴史的に獲得することを意味しているととらえたこと」[28]であろう。陶冶の対象の重要な例として、スペックは「悲劇的知」に注目した。ヤスパースがハムレットの悲劇を人間の限界状況として取り上げていることに触れながら、スペックは悲劇的知による人間の変革の可能性と「苦しみ (Not)」からの「救い (Erlösung)」の可能性に言及している[29]。しかし、彼は悲劇的知の獲得と意義、また審美的陶冶に陥る危険性[30]を指摘しながらも、肝心の獲得のメカニズムや論理的根拠を包越者論の分析によって充分抽出することができず、ただヤスパースの著作の引用をするに留まっている点が残念である。

　1970年代になると、交わり概念を中心としたヤスパースの教育哲学が登場してくる。その先駆けがイベレールであり、次にヨウルダンと続く。まず、イベレールの研究を概観してみたい。
　彼の研究（「カール・ヤスパースにおける交わり概念の教育学的重要性」1970年）は、

交わり論を最初に教育学的に取り上げた論文として意義がある*31。彼の研究は、第一部でヤスパース哲学における交わり概念と人間、哲学と科学の関係について説明し、第二部で教育学における交わりと出会い、陶冶の問題を論じている。イベレールは、トルケッターやスペックの研究には、交わり概念の視点が無いことを批判している*32。そして、レルシュの言葉を引用しながら、交わりはすべての生物が環境の中で結びついていることにおいて根源的に理解されることを指摘している*33。彼のこの交わり理解は、結果的にヤスパース哲学を交わり概念で総括するという誤りを犯すことになるのである。彼は、「哲学的交わり」の項の最初に、ヤスパースの『哲学 II』を引用し、交わりを「他者との共同生活(das Leben mit den Anderen)」*34と定義している。しかし、それは、現存在的交わりの規定であり、実存的交わりを含めた、交わり概念全般を包括するには慎重でなければならない。つまり、イベレールは、ヤスパース哲学の存在論的理解から導き出された交わり概念ではない。確かに彼は、包越者の諸概念(現存在、意識一般、精神)に合わせた交わりの形式を説明している。しかし、その説明は、ザラムンの研究成果*35によっているものが多く、現存在を包越者の一様式と、三者(現存在、意識一般、精神)をまとめたものとに分け、前者を「現存在 I」、後者を「現存在 II」としてしまった*36。結果的にこれが交わりの概念を単純化することになってしまったのである。

　一方、村元は、イベレールの「交わり」と「出会い」の項目に注目し、ボルノーの課題であった教育の連続的・非連続的側面の統合と関連で、イベレールの功績を指摘しようとしている。しかし、イベレールの論文中、交わりと出会いの項でボルノーが実際に引用されているのは、一箇所だけであり*37、しかも、ゴーガルテンやリット、ガルデニと並んで説明されているに留まっている。出会いの箇所ではむしろ、ブーバーの「我と汝」の枠組みが利用されているのである*38。また、教育と陶冶との関係の項目は、その大半をマイヤーの研究に依存している。このように、イベレールの研究は、交わり概念を取り上げたという一点以外には、大きな成果を挙げているとは言えないのである。

さて、ヨウルダンの研究（「交わり的教育学の可能性と限界」1974年）は、イベレールの研究をさらに進めて交わりの教育学を提唱した。彼のこの研究は、三部構成になっていて、(A)一般的、哲学的、心理学的、社会学的、教育学の中での交わりモデルの分析、(B) P. Watzlawick と K.H. Schäfer の交わり論、(C)交わり的教育学について主に論述している。特に、(C)のほとんどをヤスパース哲学の概観に当てている。彼の研究自体は、そのタイトルや構成から判断すると、始めからヤスパース哲学に限定した交わり論を展開したものではない。それ故、彼の研究が、交わり概念を拡大解釈し包越者論に充分基づいていない、あるいは、単独者間の交わりを学級集団の教育実践に制限して研究している、というような批判[*39]は、全体としては妥当とは言えない。しかし、実際に彼の交わり概念の核心的部分のほとんどをヤスパース哲学に割いていることは、その内容から見て明白である。

彼は、交わり的教育学を説明する際、四つの交わり概念を取り上げている。第一に、「狭義の交わり概念」である。それは、教育学的交わりについての「情報論的に特徴づけられた下位概念（der informationstheoretisch geprägte Unterbegriff）」として理解される。この交わりは、授業の場面において見られると言う。それは、情報を増やし、情報格差を是正することを目指すものである[*40]。ここでは、送り手と受け手の間で、何か新しい情報が取り交わされるような交わりがなされるのである[*41]。

第二は、広義の交わり概念であり、教育学的交わりの下位概念として特徴づけられ、「交わり的教育学（kommunikative Erziehungswissenschaft）」の大方の構想の中にあるものである。この交わりは、例えばグループ内の「共通（gemeinsam）」の行為や公の討論、政治的活動に対して用いられる概念であると言う[*42]。さらに、この交わりは、聞き手と話してが特定の状況や討論の流れに左右される中で一体となるものであると言う[*43]。この一体とは、両者が同じ次元で「交わり的共同体（Kommunikationsgemeinschaft）」の中にあることを意味している。

第三に、包括的交わり概念であり、「交わり」現象の考えうる最も広い概念である。それは、先の二つを含め、他の視野や概念にも反映するもので

ある*44。ここで、彼はこの交わり概念がヤスパース哲学から導入されるものであることを言及している*45。この交わりは、「実存的」可能性や現実性として規定され、自己生成や自己存在の必然的な前提である点で、先の二つの交わりと区別されている*46。彼は、包括的交わり概念の内容として、ヤスパースの包越者論にふれ、現存在、意識一般、精神、実存の各次元(Ebene)での交わりの特徴を示し、さらに、交わりと真理、理性、交わりの意志、愛しながらの闘いとしての交わり、哲学的信仰などヤスパース哲学の根幹を同時に説明している。このことは、次のような疑問を抱かせる。つまり、四つの交わり概念の内、この包括的交わりの部分だけが突出し、しかもヤスパース哲学をそこに押し込めてしまっているのではないかと言うことである。これは、ヨウルダンがヤスパースの交わり論を拡大解釈しているというよりは、むしろ逆にヤスパースの交わり概念のみならず、その哲学全体を包括的交わり概念に縮小してしまったという批判の方が当たっていると考えられる。

また、四番目の交わりは、「非対称的交わり (Asymmetrische Kommunikation)」と言い、「教育の非連続的形式 (Unstetige Formen der Erziehung)」*47である。これは、周知のとおりボルノーによって提唱された形式である。彼の交わり概念の分析は、確かにヤスパース哲学の解釈の観点から言えば問題はあるが、少なくとも次の点では意義がある。つまり、実際上の交わりの諸現象は、非対称的なものであるため、交わり概念に示されるような対称的 (symmetrisch) なモデルは、あくまで標識 (Signal) として理解されるべきものである、という点である*48。

1980年代は、ヨウルダンの流れを引き継いだものとして、ゴスリッヒやレールの研究が挙げられる。

ゴスリッヒの研究は、交わり論の授業への具体的展開を意欲的に試みたものである。彼女は「間接的交わりの多様な形式—カール・ヤスパースの交わり理論の分析における一考察—」(1983)で授業計画や目標を設定し、さらに実際の授業記録を報告している。彼女によるヤスパースの交わり論の

解釈は、『真理について』にあるヤスパースの「直接的伝達（direkte Mitteilung）」と「間接的伝達（indirekte Mitteilung）」を根拠にしている*49。そして、交わりを「直接的交わり」と「間接的交わり」に分類した。それによると、直接的交わりは、人間同士の面と向かっての直接的「対話（Gespräch）」である。彼女が特に注目したのは、著者（送り手）によって作成された教材やテキストとそれを学習する生徒（受け手）とに成立する間接的交わりの形式である。間接的交わりの方法は、彼女によると三つの経路（Umwegen）があると言う。それらは、「関係（Relation）」として以下のように説明されている。

①存在―思惟　関係：送り手によって分配されているものが思惟的に把握される。真理の内容は送り手の意識によって短縮されている。
②思惟―言語　関係：短縮された真理が語られることにより伝達可能となる。
③言語―了解　関係：受け手は言語的に客体化されたものを内的コードに受容し、処理する*50。

彼女は、ソシュールの言語学の構造（記号システム（langue）と個人の言語事象（parole））とは異なる方法で、思惟と言語、さらに言語と了解によって構成される交わりのプロセスを試みている。ヤスパース自身は、言語に関して三様式に分類し、（「言語活動（Sprechen）」、「客観的形象（objektiver(s) Gebilde）」、「言語能力一般（Sprachermögen überhaupt）」）思惟と言語活動の密接な関係を認めている*51。しかし、彼女の間接的交わり論の理論的支柱は、ヤスパースの言語哲学に触れているものの、ほとんどポーランドの言語学者ブラント（Czerski-Brant）もモデルに依存している。ゴスリッヒは、ブラントの交わりモデルを口頭による「相互的交わり（Wechselkommunikation）」とテキストを通しての「一方通行的交わり（Einwegkommunikation）」として紹介している。さらに、これらを合わせ、「直接的・間接的交わりの結合モデル」

第Ⅰ部　開かれた哲学

を作成している[*52]。このモデルを構成するものは、テキストの著者とテキストに記述されている言葉、そして読者としての教師と生徒である。彼女によると、これらの構成要素においてまず間接的交わりがあり、そして直接的交わりがあると言う。間接的交わりは、著者から言語を通じ読者へ一方通行的に伝達される交わりである。そして、言葉によって伝達されたものに関して、読者同士(教師と生徒)が相互に語り合う直接的交わりがあるという。つまり、ある作品を読み、それについて教師と生徒が語り合うこと、その現象を交わり論によって説明しているのである。

この結合モデルに基づいた授業計画や目標は、基本的にテキスト解釈(間接的交わり)と口頭発表(直接的交わり)の組み合わせによって構成されている。また授業内容は、ヤスパースの「限界状況」概念に沿って、対立や戦争をテーマにした映画やテキストを素材にしている。また、対立の原因と解決の可能性を直接的・間接的交わりによって吟味することが授業目標となっている[*53]。

彼女の研究の意義は、教育現場にヤスパースの交わり論を展開する試みの一つになったことは確かである。しかし、ザラムンも指摘しているように[*54]、ヤスパース自身が言及する本来の交わりと比喩的に表現されている「交わり」の区別を彼女は見過ごしている点が問題であると言える。例えば、ヤスパースが「伝達（Mittelung）」と表現している箇所を「交わり」の形態として解釈し、そこから間接的交わりへと展開していることである。また、本来ヤスパースの包越者論に基づいている交わり論をブラントの言語学的モデルに還元し、単純なコミュニケーション理論に組み替えてしまっている印象も拭えない。思惟と言語、了解のプロセスがヤスパースの暗号論とどのような関係にあるのか、さらに詳細な分析が必要と考える。

また、レールの研究(「カール・ヤスパースの思惟における教育学的理論」(1986))では、始めに哲学と科学との関係をヤスパース的な視点で捉え、そこから教育学的思惟を導くという立場が示されている[*55]。そして、「哲学的信仰」の教育学的思惟に対する意味、哲学と科学の関係、ヤスパースの教育学的

思惟の体系的議論、教育学的倫理等について論じられている。彼は、この研究によって「教育学的倫理（pädagogische Ethik）」の基礎づけを課題としていて[56]、それには、ヤスパースの言うような「哲学的根本知（philosophischen Grundwissen）」と、哲学的信仰の視点が必要であると考えている[57]。ここからわかるように、レールは、交わり概念を中心にヤスパースの教育学を論じようとしているのではなく、哲学と科学のもつ特性をヤスパースに沿って分析し、「科学の最終的に克服できない限界に信仰がある」[58]と述べている。そして、ヤスパースの「哲学的信仰」を教育学との関連における意義づけをしているのである。この点が、レールとこれまでの研究と大きく異なるところである。彼が描こうとした「教育学的倫理」とは、ヤスパース的な「信仰に基づく生涯にわたる自己教育」を求めるものである[59]。しかし、この信仰は交わりと無関係ではなく、むしろ深い次元で関わっている。交わりの形態との関連で言えば、実存的交わりの中で経験される相違性は、孤独を導くものではなく、むしろ人間間のつながりを導くものである。レールによれば、ヤスパースの信仰とはそのようなものであると言う[60]。つまり、自分が他人と違うことによって、孤立するのではなく、むしろ信仰においてつながりを持つことができるようになると言うのである。このような信仰は、宗教的なものではなく、「理性信仰」として意味づけられている。これは、カント的なものよりむしろ、ヤスパース哲学全体を特徴づける、中心的な概念である[61]。

　従って、レールは、ヤスパースの思惟に基づいた教育学を「理性的教育学（Vernunftpädagogik）」と特徴づけている[62]。ここにおける「理性的」とは哲学的信仰に基づいた、という意味である。この哲学的信仰は、ヤスパース哲学全体の根底に位置づけられる概念であり、その説明には包越者論全体の分析を要する。しかも、レール自らが指摘するように、多様な理論が理性において結びついたものとしてまとめられねばならないのである[63]。

　理性との関連で、レールは子どものもつ理性に注目し、「環境によってすでに子どもに独自の理性が覚醒されうる」と述べている[64]。理性がどのよ

うに覚醒され、成長していくかは興味深い視点であり、さらに探究すべき課題である。しかし、ヤスパース哲学において理性が、段階的に発達するものという位置づけにはない。だが、人間の意識のレベルにおける段階的変容に関して次のような説明をしている。彼は、人間の意識が3段階に変容すると指摘している。

> 第一段階、子どもは自分の全生活、思考、行為の供給源である内容(略)と自らを一致させている。
> 第二段階、有効性があり所有物として規定された知識に特徴づけられる。
> 第三段階、歴史が実存的に習得される。　　*65

彼によるとこの段階は、それぞれ、児童期、青年期、成人期に符合するという。彼自身、ヤスパース哲学においてこれらの段階がどのように説明されるのかは明確にしていない。しかし、本来、人間存在を固定化した概念の中に閉じ込めるのではなく、生成するものとしてみるヤスパースの立場に沿うならば、理性自体の分析が、例えば、レールのように段階的に成長していくという視点からなされることも有効であろう。そのような問題提起をしている点で、レールの研究には意義がある。

　1990年代では、ブットナーの研究が注目される。ブットナーは、「カール・ヤスパースの業績における交わり―教育学的交わりに対する考察―」(1992年)で交わりの形式を科学と哲学の相違という視点から捉えることを試みている。この発想は、ヤスパースの生涯を振り返ることから生まれているのが特徴的である。つまり、ヤスパースは、当初精神病理学に従事しており、科学的方法や技術を用いていたが、人間の精神は人間の存在を全体的に扱うこと抜きにはありえず、病状を個別に、部分的に治療する科学の限界を感じていた。彼は『世界観の心理学』(1919年)を著すことで人間を全体的に把え直す新たなアプローチを開始したのである。

彼は、ヤスパースの交わりが現存在的交わりと実存的交わりの大きく二つの分類と、各包越者の諸様態に沿った交わりの形式という従来の分類に基本的には変わらない立場をとっている。しかし、彼は実存的交わり以上に現存在的交わりの分析に力を注いでいるように思われる。かつて、イベレールが現存在、意識一般、精神を「現存在II」(Dasein II)[66]とまとめて表現したが、このことにより、現存在の意味が二重になり、現存在的交わりが、先の三つの包越者の交わりを総括する意味と、現存在における意味だけを示す交わりの区別が困難になった。これによって、結果的に交わり論がより複雑になったと考えられる。ブットナーは、現存在、意識一般、精神の包越者における交わりを「科学的交わり (wissenschaftliche Kommunikation)」[67]と呼び、現存在的交わりの意味を整理した。

しかし、彼のように科学と哲学から交わりを分類する場合の問題点は、両者の連続性をどのように説明するか、ということである。これに関して、彼はその連続性の鍵となる概念が「普遍と個別の統一」である、と述べている[68]。普遍性は科学の認識の共通性を保証し、個別性は、哲学における実存の固有性を示す。この性格の違う両者がどのように「統一」するのか、ブットナーの論述を見る限りその解明は充分なされているとは言えない。また、ヤスパースにおいても、普遍と個別の「不可思議な(rätselhaft)」[69]統一という表現や、「二つの翼(Flügeln)」という比喩でしか語られていない[70]。これは、ある意味で科学や哲学で問題とする存在自体を論理的に解明不可能であることの表明でもあり、むしろ真理を探究する者の誠実な態度とも言えよう。一方、科学と哲学の統一の不明確性が、ブットナーの交わり論において新たな問題を生じさせることになる。

それは、教育学の位置づけである。教育学は、人間の存在と成長に関わる学問であり、科学的・哲学的アプローチの両方が必要となる。ブットナーは、教育学的研究の方法として、ヤスパースの「精神病理学」を参照しつつ、次の三つの方法を提示している。①統計的-経験的、分析的方法による説明(Erklären)、②記述的方法による現象学、③了解の方法(Methode des Verstehens)[71]これらを見る限り、教育学は説明と了解を軸とした科学的方

第Ⅰ部　開かれた哲学

法を用いることが明かである。ヤスパース自身、教育 (Erziehung) を、技術と自由な交わりの間に位置づけ[*72]、学問として教育学が科学と哲学のどちらか一方に属するわけではないことを示唆している。また、教育学の位置づけに関し、ヨウルダンは「教育学的交わり (pädagogische Kommunikation) と実存的交わりの間に困難な決定的境界 (Grenze) がある」[*73]と言及している。これによれば、彼は「教育学」を実存の領域から区別し、ブットナーのいう「科学」の領域に限定していることになる。しかし、ブットナーは、同時に「自己実現を求めての愛しながらの闘い」の項目で、「教育学の領域は、人間の生の危機や困難との関わりの中にとりわけ示される」[*74]とも述べ、教育学が実存の領域にまで関わることを明確にしている。

　このように、教育学の位置づけは容易ではなく、その教育学の対象をどのように捉えるかによって科学的でもあり哲学的でもあり得るのである。交わりの形式も教育学の対象となる存在が普遍的かつ個別的な性格を有するのに従って、科学的交わりや実存的交わりをとる。ブットナーはそれらを「交わり」という表現以外に交わりの多様性に合わせた言葉をヤスパース哲学から選択して図式化している。交わりの図式は①主体②構成③内容④誤った形式⑤真理の基準にわけて説明されている。

　　現存在的闘争（現存在的交わり）
　　　①個人、グループ②内的世界と環境に基づく全体③欲求、利害
　　　④功利主義⑤実用的保管

　　合理的対話（意識一般の交わり）
　　　①形式的分割②開かれた体系③事物、（説得力ある）認識
　　　④客観主義、合理主義⑤（説得力ある）正当性

　　了解（精神の交わり）
　　　①主体と客体の対話②部分の集合以上の全体③理念、内実、価値
　　　④ドグマティズム⑤生きた確信

愛しながらの闘い（実存的交わり）
　①主体―主体②限界状況③（自己）可能性の実現
　④主観主義、非合理主義⑤実存的信仰

　上記4つの交わりの中心には、普遍的交わりの意志としての理性がある[75]。

　彼の図式において、ヤスパースの交わり論が教育学においてどのように寄与するかを握る決定的な概念は、理性であると言える。ソクラテス的教育形態が実存的交わりの見本としてしばしば先行研究の中で取り上げられ、またヤスパース自身もそのように言及している。しかし、ヤスパース哲学をその構造から根本的にみるならば、スコラ的、マイスター的教育の意味を看過することでソクラテス的教育が実現するとは言えないのである。ブットナーの言う「科学的交わり」は実存的交わりの基礎となり、ヤスパースも現存在的交わりの「不満（Ungenügen）」が実存的交わりの契機となると述べている[76]。科学と哲学のもつ普遍性と個別性の不可解な統一は、すべての包越者を結び付ける理性によって成り立つのである。その意味では、ブットナーの分析は、理性に関して充分とは言えない。しかし、科学や哲学、そして教育学の位置づけを説明しつつ、交わりの形式を性格づけた試みには意味があると言えよう。

2.2. 国内の先行研究

　国内でヤスパース哲学が教育学との関連で研究され始めたのは、本格的には戦後ヤスパース哲学の翻訳が出版されるようになってからかなり後の1970年代である。（但し、ヤスパースの「大学論」に限って言えば、決して新しいものではない。）[77]例えば、吉村文男の「実存的自由としての人間」（教育哲学研究29 (5) 1974年）や三浦武人の「ヤスパースの『教育論』について」（教育哲学研究31　1975年）がある。そして、1980年代になって、斎藤武雄が『ヤスパースの教育哲学』（創文社　1982年）をヤスパースの教育学的著作として始め

第Ⅰ部　開かれた哲学

て出版している。交わり論を中心とした論文もこの時期に登場している。堤正史の「『実存的交わり』と『理性』―ヤスパースの交わり論の教育的意義について―」(教育哲学研究47 1983年)は、日本で交わり論を教育学的に展開した最初の論文と言える。また、増渕幸男が著した「ヤスパースの教育哲学研究」(以文社　1989年)は、現在、国内で最も高い評価を受けている研究である。一方、ヤスパース哲学における教育と理性をテーマにした論文には、拙文の「『理性』による教育―ヤスパースの『理性』と『愛』をめぐって―」(教育哲学研究70　1994年)がある。

　斎藤の研究は、国内で初めてヤスパースの教育哲学研究書として出版されたものとして意義がある。しかし、そのまえがきにあるように、「私(斎藤)が彼(ヤスパース)に代わって、体系的に(ヤスパースの教育哲学を)構築しようという決意」[78]によって著されたものであることから、ヤスパース哲学自体を教育学(特に教育原理)の枠組みに無理やり組み込んでしまった感が否めない。つまり、斎藤の言う「体系的に」とは、教育の意味、目的、内容、方法にヤスパース哲学を分断することであった。ヤスパース自身が哲学を、学問として体系化された「哲学(Philosophie)」としてではなく、カントの言う「哲学すること(philosophieren)」である真理を求める思惟活動と見なしてきたことを考えると、斎藤の試みた体系化は、それに反するものと考える。その弊害は、例えば交わり論が教育方法論の一部として位置づけられていることにも表れている。

　彼は「教育方法としての交わりは、現存在の交わりではなくて、実存の交わりである。」[79]と述べている。ここには、実存的交わりと現存在的交わりの存在論的分離があり、包越者論の基礎本的理解が欠けていると言える。それ故、彼の結論は、教育方法の分野においても、「教育における実存の交わり、(略)、は、公明正大で万物をそしてすべての生徒をその本来の姿において輝き出させるようなものでなければならない。」と言った教育目的論的指摘に留まるのである[80]。

一方、増渕の研究では、交わり論は哲学者と教育学者であるヤスパースの関連の中でとらえられている。そして、シュルトハイスの研究に触れながら、交わり論がヤスパースの哲学的思惟の根底にあるものと捉えている[81]。また、ヤスパースは交わり論を教育の場面で用いる際、ソクラテス的教育の形態(対話)として展開し、実存的交わりに当てはめて考えている。しかし、増渕は実存的交わりのもととなる包越者(現存在、意識一般、精神)の交わりがあってはじめてそれは可能であるため、その領域の研究がさらに進められるべきであると述べている[82]。

彼はこれまでの海外の先行研究についても細かく触れ、どれも包越者論や理性と交わりの関係について充分論じられていないと批判している[83]。彼は、「実存的交わりと教育」の節において、スコラ的教育とマイスター的教育が現存在、意識一般、そして精神の包越者との交わりを示すものとして位置づけている[84]。そして、ヤスパース自身が実存的交わりに基づく教育(ソクラテス的教育)を大学での教育に制限していることを批判し、それが教育一般にも妥当すると主張している[85]。

増渕は、ヤスパースの教育哲学を自己実現の原理として、人間の自己生成という視点から分析している。しかし、それが学校などで直接実践に応用可能なものとして捉えられるかどうか、という現実的な問いは「留保」している[86]。この問いは、教育哲学の役割が何であるかに関わる根本的なものであるため、彼の留保は賢明な態度であろう。しかし、ヤスパースの教育哲学が、本来、実存哲学であり、現実の人間存在に対する問いをもち続けるものならば、より積極的に現状に対する哲学的考察を進めるべきである。具体的には、実存的交わりを理想的な教育形態としながらも、実際にそれが成立していない状態を哲学的に論究することである。確かに増渕は、現存在、意識一般、精神の交わりの角度を変えた検討の必要性を唱えている[87]。そして、交わり論自体の探究を進めるべきであるとして、カウフマン(1957)やフックス(1984)の研究を指摘している。しかし、残念ながらその詳細には触れられていない。そこで、年代的に前後するが、カウフマンとフックスの研究の概要を次に紹介することにしたい。

2.3. 交わりの基礎研究（カウフマン、フックス）[参照]

　カウフマンの研究は、トルケッターよりも4年も前にP.A.シルプ編「カール・ヤスパース」(1957)の中で発表されている。しかし、交わり論の存在論的視点からの論究としては、いまだに論じ尽くされていない貴重な示唆を内包している。彼の交わり論の探究の動機は、存在の根源の解明である[88]。彼は、対人関係だけではなく、すべての存在の根源である神に言及している。つまり、交わりの源は神であり、神が創造の源泉であると考えている[89]。また、交わりは、多義的であり、同一性の形式としてはありえない[90]としている。確かに、彼の交わり論は、神をすべての根源に置く半ば神学的存在論に基づいたものと言えよう。しかし、それは、その多義性故にすべての形式を否定し、認識不可能の中に交わり論を迷い込ませるものではない。彼は、認識の源として存在との交わりに注目している[91]。ヤスパースは、その交わりを比喩的に「関与 (Teilnahme)」と表現し、世界内で生じる事物に我々が「居合わせ (Dabeisein)」、「我がものにしている (Aneignen)」していることのたとえとして用いている[92]。このことからもわかるように、交わりの概念自体、比喩的に表現せざるを得ないような複雑さと形式化の困難さを持ち合わせているのである。

　しかし、カウフマンの功績は、ヤスパースの交わり論が『哲学 (II)』(実存開明)に登場する現存在的交わりと実存的交わりの2種類に留めることなく、また『真理について』の各包越者ごとの交わりに拡散することなく、物、人、神の3つの交わりにまとめ、交わり論をより明確にし、教育学を含めた他の学問領域に応用可能に整理したことであろう。彼は交わり概念の3つの使用として、①非人格的交わり (der unpersönlichen, der der Dinge)、②人間同士の交わり (der zwischenpersönllichen, der zwischen Mensch und Mensch)、③超人格的交わり (der überpersönlichen als dem Wege, auf dem die Transzendenz) を挙げている[93]。彼は、①から②への「移行 (Übergang)」と②から③へのそれとを次のように説明している。

①から②の次元への移行は、我々の関心事（Anliegen）のために聞き、その意味のために語るところにある。②から③の次元への移行は、我々が序列（Rangordnung）において理性や良心（Gewissen）、超自我（Über-Ich）と神の声（Stimme）と名付得るものを聞き取ろうとする中にある*94。

ここで注目したいのは、カウフマンが交わり概念において、聞くことを重視している点である。無論、それは日常生活において耳で単に音を聞く、話を聴くだけのことではない。彼はヤスパースが「理性自身が聞くこと（Vernehmen）」であり、超越者の声を聞くことを意味する交わりの意義を説いているのである*95。つまり、ここにおいて、カウフマンは、存在の根源である神と交わり、その媒介としての理性の役割の関係を示していると言えよう。しかし、彼の論究において自己存在とその生成に関する部分が乏しい印象を受ける。全体としてあらゆる存在の創造主としての神の根源性が強調され、神学的な交わり論となっていると言わざるを得ない。

また、フックスの研究（『存在様態（Seinsverhältnis）』は、第1巻「実存と交わり」、第2巻「実存と超越者」に分かれている。特に、交わり論は第1巻、第3章「交わり的実存」の中で展開されている。（第1章「哲学的同一性」はおもにヤスパース哲学におけるカントとの関連の議論であり、第2章「限界経験」は世界における限界（Grenze）に関する説明が中心であるのでここでは割愛する。また、第2巻のテーマは教育からさらに信仰の問題へと展開している。）彼は、「交わり的実存」の章の中で実存概念や交わりの倫理的特徴について説明している。しかし、交わりの包越者論との関連や理性との関係に関する議論は、第3章の第2節、第Ⅰ項「交わりの構造（Sturkturgefüge）」によく表れている*96。

交わりと包越者論との関連は、フックスの場合も他の先行研究同様に交わりの方法が包越者の存在形式に合致したものとなっている点に一応表されている。つまり、現存在の交わり、意識一般の交わり、精神の交わりがあり、さらにそれらが限界にあたって「決定的不満」*97をもつようになる。そして普遍的交わりへの意志が実存と理性から生まれ*98、実存の交わり、

理性の交わりへと展開していく[*99]と言うのである[*100]。彼の関心のは、理性と実存とが人間存在に交わりとしてどのように関係するかであり、交わりの構造分析もそれを中心としている。それ故、増渕が提案した現存在、意識一般、精神の交わりの分析はフックスの場合にも、あくまで理性と実存を説明するための補足的役割として触れられているにすぎない。彼は、交わりの解明に重要な要素として、「伝達性（Kommunikativität）」と「伝達可能性（Kommunikabilität）」を挙げている。それらは、それぞれ実存と理性の性格に基づいた概念である。つまり、伝達性は、自己閉鎖性に対立する概念であり、実存の伝達、公開の生成の伝達的実行を意味する。また、伝達可能性は、理性的であることを意味し、他者に対する人間存在の全体的責任性をもつことである[*101]。

　フックスのこの交わり解明の試みが、伝達性と伝達可能性の2要素によってどこまで成功しているかどうかは疑問である。実存と理性の性格付けを両者に最初に与えてしまったが故に、実存と理性の相互補完的関係をますます複雑にしてしまった感がある。その主な原因は、フックスが伝達性における公開性を実存概念の文脈から説明した点にある。公開性は他者に開かれていること、交わりへの意志といった理性概念からの説明した方が分かりやすかったのではないか。彼がこの問題を意識したのかどうか不明であるが、彼の伝達性と伝達可能性の議論はあまり発展せず、むしろ前半に示していた理性の交わりにおける個人への三つの要請（実存すること（existieren）、交わること（kommunizieren）、超越すること（transzendieren））が、結論部分では、人間存在の根本的構造を示す根本行為（Grundakten）としてモデル化されている[*102]。

　　実存すること（Existieren）［自由、自己存在］
　　交わること（Kommunizieren）［理性］
　　超越すること（Transzendieren）［公開性］

そのモデル（EKT-Modell）によると、実存と理性が、それぞれ実存するこ

とと交わることに分節化され、公開性 (Offenheit) が超越することの属性となっている。彼は、このモデルによって人間の「最高の存在可能性 (die optimale Seinsmöglichkeit)」が可能となる[*103]としている。このモデルは、最初の理性の交わりの要請を自己存在と他者と超越者の3方向に拡張し、諸包越者を結び付ける理性の性格を「交わること」の中に最終的にまとめた形態をとっているように思われる。交わりが人間存在の最高の可能的状態を目指すかぎり、理性は人間存在のよるべき基礎を選択するための諸基準 (Kriterien) を与える[*104]。

彼の研究において、交わりと理性の関係を解明するモデルを作成した点が評価できるであろう。しかし、先述のように実存と理性以外の包越者の交わり解明やそれらの交わりの段階から実存的交わりへの飛躍の契機を教育においていかに展開するかを示す材料は乏しいと言わざるを得ない。

2.4. 交わり論の変遷 (まとめ)

これまで概観した先行研究をもう一度振り返り、交わり論の変遷をここで整理していきたい。その際、便宜的に次のようにヤスパースの教育哲学的研究を大きく三つに区分けする。第一期は、1950〜60年代であり、第二期は、1970〜80年代、そして第三期は、1990年代以降である。

第一期の特徴は、ヤスパース哲学が教育学に対して意義があることを示す時期であったと言える。この時期は、ヤスパースが存命中であり、彼の後期の大著『啓示に面しての哲学的信仰』(1962年)が出版される時期でもあった。そのため、研究者間にヤスパース哲学の全体像が十分理解されるには時期的にまだ早いと考えられる。それでも、ホーンやマイヤーのように、ヤスパース哲学を紹介し、実存が陶冶と教育にどのように関係するかを論じたのである。トルケッターやスペックは、さらに教育学的考察のためにヤスパース哲学の概念に自己存在や知の獲得というテーマを見出した。この時期は、交わり概念が、哲学と教育学の関係を説明する際用いられたり (ホーン)、自己実現の手段 (トルケッター) と見なされるなど、研究テーマの

中心として扱われていなかったと言える。

　第二期において、交わり概念は本格的に交わり論としてヤスパースの教育哲学的研究の中心的役割を担うようになった。イベレールに始まるこの特徴は、ヨウルダンによって、交わり論がさらに教育現場に適用可能なように解釈され、具体化された。ゴスリッヒにおいては、交わり論の授業への展開が細かく検討されている。そこで注目されるのは、交わり論が、人間間だけではなく、テキストと教師・生徒間にも応用されている点である。確かに、その研究が「間接的伝達」としての交わりという前提が、ヤスパース哲学の枠組みを越えているという批判は可能である。しかし、この試みは、現存在的交わりの再検討と暗号論を中心としたヤスパースの言語哲学と教育学との関連の検討を促すものと考えられる。また、現存在的交わりの再検討は、増渕によって包越者論や理性との関わりから交わりを考え直す必要性としても同時に指摘されている。

　第三期は、教育学の学問的位置づけを科学と哲学の関係から再び問い直す姿勢が現れたことが特徴的である。ブットナーは、ホーンがかつて哲学と科学のパートナーシップを交わり概念によって説明したことと逆の作業をしたのである。彼は、交わり概念を哲学と科学の相違から捉え、さらにヤスパースの生涯を基に、彼の思想的形成をたどりながら検証したのである。その結果、従来、現存在的交わりと呼ばれていた交わりの形式は、彼によって「科学的交わり」と捉え直されたのである。そして、人間の諸現象を客観的に分析する科学的性格と、教育の主体である自己存在を考察する哲学的性格がどのように教育学において統合されるのか、そのかぎを握るのがヤスパース哲学における「理性」概念であると彼は考えている。

　以上、交わり論がヤスパースの教育哲学的研究においてどのような変遷をたどったのか概観した。その結果、ヤスパース哲学の交わり概念を教育現場に直接応用するために交わり論として理論化するには、第二期の研究からわかるように限界があることが明らかになったと言えよう。むしろ、増渕が指摘するように、交わり概念の基礎的分析を包越者論に基づいて行

う地道な作業の徹底がまず必要である。しかし、それに留まっていては、教育学への展開が閉ざされることになりかねない。スペックは、悲劇的知に触れながら、知の獲得に言及し、また、レールは、教育学における哲学的信仰の重要性を説いた。そして、ブットナーも教育学における理性の役割を指摘している。このように、第二期に盛んだった交わり論の前後に部分的ではあるが重要な教育学的概念の指摘が先行研究の中に散りばめられているのである。

2.5. 残された課題

　現代社会は、IT（情報通信技術）の発展によって、自ら情報を収集し、整理・選別し、そこから知識を獲得することが可能な時代である。この技術は、従来、学校が用意した知の体系であるカリキュラムを崩壊させる力をもっている。つまり、現代は、学校教育の時代から、自己教育の時代へ移行しているのである。ヤスパースは、ソクラテス的教育形態を重視した。換言すると、それは対話による自己教育である。しかし、その自己教育は、他者との実存的交わりによって可能であり、知識の収集や情報交換のみを意味しない。学校は、かつて、教師や生徒間で知識の獲得と実存的交わりによる自己生成が同時に行われていた。しかし、現在は両者が分離し、その状態はますます激しくなっている。インターネットによる双方向の授業は、遠隔地においても教育可能な環境をもたらした。しかし、同時に、デジタル化された情報は、代替可能な教材としてコンパクトに整理・保存される一方、人間間に生じる感情や直接的な触れ合いを含めた諸経験は、アナログ的で代替不可能で一回的な出来事であり、情報化社会から抜け落ちてしまう。

　知識の獲得と他者との交わりによる自己生成の乖離状態をどのように解決していくのか、そのために、ヤスパース哲学が貢献可能な哲学的材料は少なくない。ブットナーは、理性概念のもっている結合の力を指摘している。ヨーロッパのかつての啓蒙時代と異なる、現代の情報化社会における

理性の役割は何か、教育学においてヤスパース哲学の理性がどのように位置づけられるのかが次に考察されなければならない。

第 2 章 ヤスパースの教育哲学

〈註（第 2 章 2 節）〉
1．トルケッターの研究によると、ヤスパースの教育哲学研究は、スペインの思想家、アントニオ・ミルラン・ピュエレスのものが最も古いと思われる。
   Tollkötter, Bernhard: *Erziehung und Selbstsein* — Das pädagogische Grundproblem im Werke von Karl Jaspers —, A.Henn Verlag, Ratingen bei Düsseldorf, 1961, S. 13
   （トルケッター『教育と自己存在』（三輪健司訳）理想社　1972 年）
   cf. Los Limites de la Educacion en K. Jaspers (Die Grenzen der Erziehung bei K. Jaspers). In: Revista espanola de pedagogia, Band 9, madrid 1951
   「カール・ヤスパースにおける教育の限界」（エスパニヤ教育評論第九巻所収、マドリッド、1951 年　独訳）
2．増渕幸男著『ヤスパースの教育哲学研究』以文社　1989 年、p. 301
3．Manfred Jourdan, Hagen: *Möglichkeiten und Grenzen einer Kommunikativen Pädagogik*, (Diss.) Dortmund 1974
4．Horn, Hermann: *Existenz, Erziehung, Bildung*, (Diss.) Göttingen 1955
   "So liegt in Jaspers' Philosophieren die Möglichkeit einer philosophischen Begründung der Eigenständigkeit der Pädagogik als Wissenschaft verborgen;" S. 144（ヤスパースの哲学的思惟において科学としての教育学の特徴ある哲学的基盤の可能性が隠されているのである。）
5．ibid., S. 12
6．ibid., S. 13
7．ibid.
8．ibid., S. 57
9．ibid., S. 144
10．ibid., S. 147
11．Mayer, Anton: *Karl Jaspers' Erziehungsphilosophie* (Bildung und Existenz), (Diss.) Erlangen, 1955, S. 59
12．ibid., S. 60
13．ibid., vgl. S. 61
14．ibid., S. 64, VdW, S. 49
15．ibid., S. 68
16．ibid., S. 70
17．ibid., S. 71
18．ibid., S. 83
19．Tollkötter, S. 11
20．ibid., S. 14
21．ibid., S. 99 (jp. 165)

第Ⅰ部　開かれた哲学

22．ibid., S. 46, vgl. PhII, S. 48, jp. 59
23．ibid., S. 78,「交わりは、個々人それぞれの自己生成のための手段（das Mittel）である。」(cf. jp. 131)
24．ibid., S. 110, jp. 185　トルケッターは、マイヤーの7つの対立項を参照したと思われる。（自己と世界、内的なものと外的なもの、無制約的なものと制約的なもの、自分のものと他人のもの、永遠なものと時間的なもの、自立と隷従、個別的なものと一般的なもの、開示性と閉鎖性、自由と権威）
25．ibid., S. 116, jp. 195
26．Speck, Josef: *Über die Eigenart der pädagogischen Problematik in Jaspers' "Logik"*, in: Vierteljahrschrift für wissenschaftliche Pädagogik, jg. 39, 1963 S. 46
27．ibid., S. 44
28．増渕、pp. 300-301
29．Speck, S. 49 f.
30．ibid., S. 51
31．Iberer, Gunter: *Die pädagogische Relevanz des Kommunikationsbegriffes bei Karl Jaspers*. (Diss.) Graz 1970
　　村元沙千子は、「ヤスパースにおける『交わり（Kommunikation）』概念の教育的研究」(「教育哲学研究」第53号　教育哲学会編　1986年 pp. 76-89）で、イベレールが1960年代後半から一般諸科学や哲学から生じたコミュニケーション研究から刺激を受け、教育学の分野にヤスパース哲学の交わり概念を導入したことを指摘している。(p. 77) cf. 増渕 p. 301
32．ibid., S. 16
33．ibid., S. 25, vgl. (Philipp Lersch, Aufbau der Person, München 1956, S. 7)
34．Iberer, S. 29, vgl., PhII, S. 51
35．Kurt Salamun: *Der Begriff der Daseinskommunikation bei K.Jaspers*, Zeitschrift für Philosophische Forschung Bd. 22 1968/2, 261 ff.
36．Iberer, S. 64
37．ibid., S. 158
38．ibid., S. 153-154
39．増渕、p. 302
40．Jourdan, S. 153
41．ibid., vgl. S. 46, 157
42．ibid., S. 160
43．ibid., S. 163
44．ibid., S. 151
45．ibid., S. 165
46．ibid.

47. ibid., S. 228
48. ibid., S. 257
49. VdW, S. 648, jp. 109(IV)
50. Goslich-Kuhsel, Gabriele: *Verschiedene Formen indirekter Kommunikation*: eine Unterschungsreihe in Auseinandersetzung mit Karl Jaspers Kommunikationstheorie, (Diss.) Aachen 1983, S. 202
51. VdW, S. 415, jp. 364(IV) 「思惟と言語活動とは一体であり、両者の展開は一方の他方と共なる展開である。」
52. Goslich, S. 226
53. ibid., S. 270 f.
54. Salamun, Kurt: *Karl Jaspers*, Verlag C.H. Beck, München, 1985, S. 85 (K. ザラムン著『カール・ヤスパース』増渕幸男訳 以文社 1993年、pp. 116-117)
55. Röhr, Ferdinand: *Die pädagogische Theorie im Denken von Karl Jaspers*, Bouvier Verlag, Herbert Grundmann, Bonn, 1986 S. 23-114
56. ibid., S. 20
57. ibid., S. 21
58. ibid., S. 32
59. ibid., S. 299
60. ibid., S. 301
61. ibid.
62. ibid., S. 302
63. ibid., S. 303
64. ibid., S. 190
65. ibid., S. 184
66. Iberer, S. 64
67. Büttner, Edgar: *Kommunikation im Werk von Karl Jaspers*: Impulse für pädagogische Kommunikaton, (Diss.), München 1992, S. 35
68. ibid., S. 46-47
69. VdW, S. 240
70. ibid., S. 250,「普遍と個別は、思惟の中で二つの翼をもっている。言葉で表現できる普遍と、そのつどの充足（Erfüllung）の個別である。」
71. Büttner, S. 159
72. PhI, S. 118
73. Jourdan, S. 114, cf. Büttner, S. 182
74. Büttner, S. 182
75. ibid., S. 218
76. PhII, S. 55

77. 桑木　務著「ヤスパースの大学論」哲学会誌 3（1）1953 年が国内では最初の教育関係論文と言える。
78. 斎藤武雄著『ヤスパースの教育哲学』創文社 1982 年　まえがき
79. ibid., p. 150
80. ibid., p. 151
81. 増渕、p. 276　cf. VdW. S. 66　cf. Schultheiss, S. 99 f.
    Schultheiss, Jürg: *Philosophieren als Kommunikation*, Forum Academicum in der Verlagsgruppe Athenaeum/Hain/Scriptor/Hanstein 1981
82. ibid., p. 310
83. ibid., pp. 299-302
84. ibid., pp. 305-306
85. ibid., p. 308, cf. 斎藤もまたソクラテス的教育が大学だけに留まらないと主張している。斎藤、p. 147
86. ibid., p. 304
87. ibid., p. 310
88. Kaufmann, Fritz: *Karl Jaspers und die Philosophie der Kommunikation*, in: *Karl Jaspers*, (hrg. v.) Paul Arthur Schilpp, W.Kohlhammer Verlag, Stuttgart, 1957, (S. 193-284), S. 211
89. ibid., S. 229
90. ibid., S. 231
91. ibid., S. 235
92. ibid., cf. VdW, S. 238 f.（II jp. 38）
93. ibid., S. 257
94. ibid.
95. ibid., S. 269
96. Fuchs, Franz Josef: *Seinsverhältnis — Karl Jaspers' Existenzphilosophie—*, BdI.: Existenz und Kommunikation, Frankfurt/M 1984
97. VuE, S. 69
98. ibid., S. 70
99. VdW, S. 377-378, VuE, 71 f.
100. Fuchs, S. 493-495
101. ibid., S. 489-490
102. ibid., S. 538-539
103. ibid., S. 539
104. ibid., S. 538

3．理性による教育

　前節で概観したように、ヤスパースの教育哲学に関する先行研究において、理性は実存の陰に隠れて補助的意義をもつにすぎなかった。例えば、ホーンやマイヤーは教育と陶冶の原理的相違、トルケッターは自己の存在論的考察が中心であり、理性に関する記述は少ない。特にマイヤーは論文の半分以上を実存の分析に割いている。一方、ヨウルダンやイベレールは理性の交わりとしての方法論的展開を試みたが、両者の研究は、ヤスパース哲学全体との関連からすると交わり論に偏重する傾向がある。一方、増渕は『ヤスパースの教育哲学研究』の序論の第五節「交わりへの意志と実存理性 (existentielle Vernunft) による自己実現」で交わりを可能にする理性の働きに触れている。(pp. 72-75) また、斎藤は『ヤスパースの教育哲学』の第一章の教育の意味において「愛と理性と教育」について触れ、さらに第七章の序言に「愛と理性と交わり」の節を設けているが、どれも理性は副次的に説明されているにすぎない。

　しかし、哲学史的にはヤスパースはカント哲学からも多くを吸収しており、カントの理性概念をヤスパースはさらに発展させているとも言えるのである[*1]。今ここで改めてヤスパースの理性に注目することには次のような意義がある。つまり、従来の実存概念を中心とした教育理論は、教育の理念を強調する点で有効である。しかし、その理念をさらに現実化するには理性を契機として捉えることにより、さらにヤスパースの教育理論を展開させることが可能となると考えられる。

　まず始めにヤスパースの哲学に即して理性概念の分析をする。具体的には、理性の機能とその根源である「愛 (Liebe)」がいかなるものであるかを探る。次に、理性と愛の関係を、二人の哲学者、金子武蔵と斎藤武雄の考えを比較しながら明らかにしていきたい。最後に、理性の一部でありその

基本的機能を担う「悟性 (Verstand)」の働きを説明しながら、理性による教育の意義を悟性による教育と対比しつつ論じていきたい。

3.1. 理性の機能とその根源

さて、最初に理性の基本的機能を先行研究を通して明らかにしていきたい。まずヤスパースは教育をどのように定義しているのか、その代表的な箇所を次に引用したい。

> 教育は自由の中で自己となること (Selbstwerden) への援助 (Hilfe) であって、調教ではない[*2]。

ここにおいて「自己となること」は「自己生成 (Selbstwerden)」と換言できる。彼によると、自己生成は「本来的自己 (eigentliches Selbst)」である実存となることを最終目的としている。換言すると、実際の人間は本来あるべき自分または自由な自己存在である実存にはまだ至らず、実存に至る可能性をもっているという意味で「可能的実存 (mögliche Existenz)」[*3]である。自己生成とは、そのような可能的実存としての人間が他者との愛を根底においた真理探求という交わりを通して実存へ到達することである。増渕は自己生成を次のように説明している。

> 自己生成は交わりつつ哲学することにおいて瞬時に実現する、いわば単独者の自己意識の転向によって確認される、自己存在の存在様態なのである[*4]。

ここで、もし増渕の言うように「自己生成が自己存在の存在様態」であるならば、理性はこの「自己存在」にどのように関わるのであろうか。この点に関して、トルケッターは次のように述べている。

人間が、本来人間たり得るようになるのは、あるいは完全に人間となり得るようになるのは、互いに担い合い、制約し合い、高め合うすべての仕方の存在を順次関係づけるときだけである。結合する要素、すなわち媒介者は理性である。であるからヤスパースは、人間の理性に訴える[*5]。

トルケッターによると、理性の特徴はすべての存在様態を「結合すること(Verbindung)」であると言える。このすべての存在様態とは、ヤスパースにおいて「包越者」と呼ばれている。つまり、人間の認識能力は主観と客観に分裂し、カントのいう二律背反に陥っているため、ヤスパースはこの分裂を「一者(das Eine)」と言うあらゆる存在の根源において総括し、その中味を自己（我々であるところの包越者）と他者（存在それ自体の包越者）の領域に分けた。自己の内容はさらに「現存在」、「意識一般」、「精神」、「実存」に区分される。一方、他者は「世界」と「超越者」に分けられる。そしてこれらの包越者をすべて結合するものが理性であるとヤスパースは考えるのである[*6]。この結合性が理性の特徴の第一点である。彼は実存との関係の中で次のように理性を説明している。

　実存には、各様式の包越者の連関を目的とするある他のものが不可分離的に結合されている。このものは決して新しい全体者ではなくして、不断の要求と進行である。それは 別に加えられたもう一つの包越者の様式でさえなくして、各様式の包越者を結合する紐帯（das Band）である。それは理性と呼ばれる[*7]。

以上から、理性の基本的機能は結合性であり、それが自己生成という教育哲学的目標において不可欠な条件であることが明らかになった。

さて、理性の基本的機能である結合性を踏まえ、今度は第二の機能として「明かにすること（公明性＝Offenheit）」を説明したい。その際、ヤスパー

スにおける理性と悟性との関係が公明性を理解する手がかりになるであろう。理性のもつ公明性について、彼は「理性はすべてのものがすべてのものと一つとなることにおける可能的なものの不断に前に駆り立てることの覚知としての際限なき公明性である」と述べている[*8]。この公明性は、悟性によってこの世の諸現象の因果関係を明確に認識することも含んでいるが、それだけに留まらず、悟性によって把握不可能な根源的存在者、すなわちヤスパースの言う「超越者」[*9]を追い求めるという理性の機能を表している。理性が、悟性を基礎としつつもそれを乗り越える機能があることは、「理性は悟性なしには存在しないが悟性より以上に無限に存在する」[*10]と彼が言及していることから明らかである。

悟性を乗り越えた理性は、ヤスパースによれば、悟性が明瞭な認識をもたらすための存在の対象化を越えて、さらに一歩進んだ思惟へと人間を導くのである[*11]。その思惟はカントの二律背反を越えた認識であり、そこにおいて、あらゆる存在は理性によって一つにまとまっている。理性の結合性がここで再び登場するが、そこに到るまでに、悟性が公明性を獲得することによって理性へ脱皮する（包み越える）過程があることに注目したい。

さて、悟性は、ヤスパース哲学において世界の中で現存在、意識一般、精神の領域で働き[*12]、ほかの包越者、すなわち実存や超越者の領域と区別されている。しかし、理性は、あらゆる包越者を結合する性質があるために、当然悟性の働く領域のすべての包越者と関わることが可能である。そこで、この公明性は、単に存在の認識をより明らかにすることだけではなく、あらゆる存在に偏りなく、平等に関わることが可能であることを表している。

理性のこのような結合性や公明性は、理性の根源である愛によって生まれてくるとヤスパースは考えている。彼によると愛は包越者の「根源（Ursprung）」を意味し、実存と同一であると言う[*13]。さらに愛の特徴として次のように述べている。

　　　愛は結合するものであり、そして存在するものの紐帯である[*14]

ここにおいて、理性の基本的機能である結合性とほぼ同様のことが述べられている。また、公明性に関しては、

　　　理性は（中略）際限なき公明性であり、従って愛することの諸様式の一つとなることにおける愛として存在する[15]。

と言及し、公明性が理性が愛として存在することを明確にしている。これに関して斎藤は、ヤスパースにおける愛は、「万物を照らす光のようなもの」であると述べている[16]。これは理性が実存を「照らす (erhellen)」ものとするヤスパースの考えから得た表現であろう。
　また、ヤスパースは理性のもつ「媒介」としての機能をいたるところで示している。例えば、理性は実存の「道具 (Werkzeug)」である[17]、または理性はそれ自体目的ではなく、媒介である[18]と言及している。媒介である理性は、それ自体独立した根拠をもつものではない。常に何か複数のものの間にあって両者をつなぐ役割をもつのが媒介である。そこで理性と実存を両極的に捉えることは適切ではないことになる。この点に関してヤスパース自身も明確な表現をしているわけではない。同様の点について、斎藤は次のように述べている。

　　　ヤスパースは依然として実存の本来性と現象とを明かに区別しないまま、現象としての実存を実存として不用意に表現するところに問題がある。そして実存の本来性、従って愛の本来性の中にはあれかこれかの決断の深さと、ここで理性といわれるものの無限の広さとの両方面があるのに、前者を実存に、後者を理性に配当してその両極を考えることは（中略）ヤスパースの本来の思想を歪曲するものである[19]。

　上記の理性と実存の両極性に対する批判は、理性が実存のように独自の根源を理性の範囲の中にもつものではなく、あくまで実存の媒介として働き、実存と同列に並べられる性質のものではないことを明確にしている。

第Ⅰ部　開かれた哲学

理性が何を媒介するのかは後述することにしたい。

3.2. 理性と愛

　実際、ヤスパースが「愛は理性の魂である」[20]と述べているように、理性と愛は密接不可分の概念である。金子は、ヤスパースのこの言及を根拠に、愛と理性は、同一のもののロゴス的側面とパトス的側面であると述べている[21]。この金子の解釈では、理性と愛の間には優劣関係は無く、両者が同列に並ぶことになる。しかし、彼の『実存理性の哲学』において強調されているのは、むしろ実存の特質をもった理性である。彼が、ヤスパース哲学を「理性的実存」と呼ばずに、「実存理性」と呼んだ理由がそこにあると言えるであろう。しかし、斎藤は金子の考えに全く反対の立場をとっている。

　　　愛は(中略)「哲学することの根拠」であるが故に、如何に理性を重視しても、愛の諸性格が理性の諸性格を貫くものであって、愛と同列に理性が並ぶものではない[22]。

　ヤスパースの言う「愛は理性の魂である」を、金子は愛イコール理性と解釈し、一方、斎藤は、理性が愛の一側面であることの理由と考えた。このように、同じヤスパースの言葉が異なって解釈されるのは何故だろうか。次の二つの理由が考えられるであろう。
　第一に、金子はヤスパース哲学をキリスト教の「愛・信仰・希望」の概念によってまとめ、三者を段階的にとらえようとした。そのため、愛は三つの徳の一つにすぎないように位置づけられたのである。
　第二に、斎藤はヤスパースの絶対的意識である愛を全面に出し、理性を愛の展開の一面にすぎないと位置づけたためである。これから、この二つの理由をさらに説明していきたい。
　第一点に関し、金子がキリスト教の枠組みで愛を解釈したことは、次の

第 2 章　ヤスパースの教育哲学

言及によって明らかである。

　　ヤスパースは良心と愛と信とを以て絶対意識の主要形態とし、而して良心がまだ形式的であるのに対して、愛と信とは充実せられた絶対意識であるとしているけれども、しかし信は同時に望であるから、彼が絶対意識という名のもとに信・愛・望というクリスト教（ママ）の三元徳を現代的に生かそうとしていることは疑うべくもない[*23]。

　金子は、人間の意識が段階的に愛から信そして望に高まるにしたがって、交わりによる「超越者への実存的関係」が深まるとしている。さらに、金子はヤスパースの絶対的意識を必然性と可能性の二側面に分け、愛を必然性に属するものとして捉え、望を可能性に属させている。それらの中間に信をおいている[*24]。また、彼はヤスパースが必然性を実存に、可能性を理性に関係させていると考える[*25]。金子の解釈によれば、人間の意識が必然性から可能性に高まっていくのであるから、彼の強調点は次第に愛から望すなわち、実存から理性へと移行している。その結果、理性の根源としての愛の意味は希薄になってしまったのである。
　第二点に関し、斎藤は愛と理性の並列的関係を否定している。それはヤスパースの「愛と実存は同一であり、理性と愛は一致する」[*26]という言葉に対する次の批判において明らかである。

　　この表現は三者（愛・実存・理性）の関係の表現としては明確さを欠く。しかし、やはり前述の如く愛は実存の存在の反映として意識であり、理性は愛の一面であり、それは愛の本質の一面であると見るべきである[*27]。

　斎藤は、理性と愛の共通点に注目しながらも、理性が愛の一側面にすぎないとして金子と比べ理性の位置を低くみなしているように思える。

愛の公明性が、愛の根源性との対立において強調されて来たものが理性にほかならないのである[*28]。

愛の闘争は理性の解離（分離・否定）の働きに他ならないのである（中略）結合に立っての分離の作用をなす愛の根本性格がこの闘争たる超克・解離を可能にする。理性は愛のかかる解離の公明性の別名にすぎない[*29]。

二人の立場の相違から次のことが明らかになる。理性を重視した金子は、理性のもつ公明性を交わりの概念に適用することで、「愛・信・望」という人間の意識の段階的発展を説明したが、一方で、愛のもつ根源性を重視しなかったため、愛としての実存が理性と対極的に位置づけられてしまった。また、愛を重視した斎藤は、逆に愛のもつ公明性を理性に対して全く同様に適用したため、理性の機能がほとんど愛の働きと重なってしまい、理性の独自性が希薄になってしまった。

3.3. 理性による教育と悟性による教育

これまでの議論で、理性のもつ諸性格とその根源としての愛の概念が明らかになった。しかし、公明性、結合性さらに媒介としての理性の働きは理性のみによってはなんら機能しない。理性が何と何の間に働くのか、その領域をまず明らかにしたい。

理性の働きは、ヤスパースによると理性の「内容 (Gehalte)」であり、かつ根源としての愛と同義の実存抜きには語ることができない。ヤスパースによると、理性と実存の関係は、「実存は理性によってのみ明白になり、理性は実存によってのみ内容を得る」[*30]と表現される。さらに、それらは、「相互的に向上し、お互いに明瞭性と実現性を見出し合うのである」[*31]。

『理性と実存』において、両者が両極的に捉えられていることは、斎藤の批判の中で既に触れた。しかし、ヤスパースが、理性を「可能的実存の行

為(Tun der möglichen Existenz)」としても捉えている点を含めて考えると、理性は実存に対立する極ではなく、実存を媒介するものであることが改めてわかるであろう[32]。

それでは、理性は実存と何を媒介するのであろうか。ヤスパースが理性の基本的機能を結合性に求めているところから、理性はあらゆる包越者の間に在り、それらを結びつけるもの、すなわち媒介するにとどまらず、それらを活性化させる働きがある。そのことは次のことからわかる。

> 理性は、現存在において、意識一般において、精神において、これらのものを果てしなく前進さす動因として現れるものである[33]。

換言すると、理性はその媒介する対象を限定することはなく、すべての包越者に対して、際限無く交わりを求めるのである。彼は、このような理性を「統一的な交わりの意志(der totale Kommunikationswille)」と呼んでいる[34]。仮に、人間の認識能力が理性の結合性を部分的にしか伴わず、現存在、意識一般、精神のみが媒介されたならば、人間は、実際に目に見える対象を意識することしかできず、逆に、人間の感情や信仰など認識の困難なものは、その対象外とされるであろう。この限定された認識能力は、もはや理性ではなく、悟性に相当する[35]。すでに、悟性が理性の基礎となり、さらに、理性がそれを乗り越えたものであることは述べた。しかし、それは理性が悟性と分離され、独自に働くことを意味しない。むしろ、理性は悟性なしには機能しないのである[36]。つまり、理性は悟性とつながり、悟性に含まれる現存在、意識一般、精神を媒介し、さらに実存を含めた他の包越者とも関わるのである。つまり結合性と公明性をもつ理性は、実存の本質である愛を悟性に結びつける働きをする。これは理性の媒介としての役割である。その結果、愛は理性によって媒介され、悟性の領域において具体化されうる経路を獲得するのである。

さて、次に理性による教育と悟性による教育とを比較し、理性による教

育の意義をまとめてみたい。まず始めに、それぞれの教育の特徴を指摘し、それらの共通点と相違点を明確にする。ヤスパースによると理性は悟性を基礎にしているため、悟性による教育から説明する。

　悟性による教育は、次のヤスパース哲学の枠組において性格づけられる。すなわち、悟性の働く領域は、先述したようにヤスパースの包越者において世界という場における現存在、意識一般、そして精神である。これらは、彼の包越者において「我々であるところの包越者」のうち実存以外の包越者である。そこで、悟性による教育は、次のような人間関係の内に行われる。悟性領域のみでは、人間は個人という主体的存在ではなく、代替可能な一つの対象物にすぎない。例えば、軍隊に属する兵士達は、個人的感情や意見をもつことは許されず、隊長の命令に絶対的に服従することが要求される。兵隊は、機械的に番号で登録され処理される。この兵士と隊長のような人間関係をヤスパースは「現存在的交わり」[*37]と呼んでいる。また、悟性による教育において、学習活動が人間の悟性認識の範囲内でのみ行われるため、その教育内容は、物事の形態や性質を把握することに留まり、そこで習得されるものは、価値中立的知識であり情報である。その際、対象の認識が教育目的であり、学習者の人格形成や価値判断の育成は該当しない。悟性によって、人間の倫理や価値は認識されないため、学習した内容が学習者本人の生き方にどのような影響を及ぼすかは、悟性による教育では考慮にはいらないのである。

　次に、理性による教育の特徴を述べる際、悟性による教育同様に、理性の働く包越者の領域を確認することから始めたい。まず、すべての包越者の紐帯である理性は、悟性領域内の現存在、意識一般、精神に留まらず、実存にまで深く関わり、世界を理性による認識の場としながらも、世界の内において事物や生命体の存在を越えた存在者、すなわち、超越者とそれを間接的に指示する言語であるところの「暗号」[*38]を通じて関わることができる。また、理性は悟性をその機能の中に含みながらも悟性を越えて、すなわち、対象の認識を越えて、対象化できない存在にまで関わりをもとうとする「意志」である[*39]。

理性による教育は、人間関係において、お互いを代替不可能なかけがえのない個人同士の上に成立する。ヤスパースによると、それは「実存的交わり」*40である。例えば、夫婦や親友同士、時には教師と生徒、医者と患者にみられるように、それらの関係は人間として平等に立ちながら、相互に真理を求めて、妥協を許さず探求するものである。この点において、それは「闘い (Kampf)」であり、平等な人間関係という点で、愛がその関係を支配する。つまり、実存的交わりによる人間関係は「闘う愛 (kämpfende Liebe)」*41によって成立している。また、理性による教育は、悟性による教育が対象の認識に留まり、人間の生き方に直接影響を与えないのとは異なり、真理や超越者など対象となり得ない存在の根源を、その思惟範囲に含める。そこで、その教育内容は、自然科学のみならず、あらゆる科学的知識を基礎にしながらも、その対象を越えた「根本知」としての哲学である。それは、ヤスパースによれば、

　　主客分裂という人間意識の根本構造の中で、すなわち包越者の中ですべての存在が明かにされること*42

である。つまり、彼は主観と客観の二元論によって支配されてきた、従来の哲学とは違った哲学を包越者で展開し、対象を越えた真理を希求する「信仰」*43を要請する哲学の道を我々に示したのである。理性による教育は、究極的にこの哲学を実践することにその教育目的をおくのである。

　これまでの考察をまとめる意味で、次に理性による教育の意義を述べてみたい。ヤスパースにおいて、理性は悟性を前提とし、さらに悟性を越えた能力である。しかし、理性によって愛が媒介され現実化されるには、悟性によって認識可能な領域にまで、愛が具体化されなければならない。換言すると、実存としての愛が知覚可能なレベルに還元される、すなわち現象化されることが必要である*44。
　人間の行為や言葉が、愛を還元したものであるかどうかは、行為を受け

た者や言葉を聞いた者が解釈し、主体的に判断することに左右される。愛は、伝達され認識される以上は、必ず何らかの形式（言葉・行為等）を通って現象する。その形式は、悟性によって認識可能であるが、愛は形式によってその内容をすべて表現することができず、ただそれを指し示すにすぎない。理性は、形式をそのままの形で認識するだけではなく、その形式の下に隠された内容を想像し、つかもうとする意志をもっている。この意志は、理性によって認識した人間の主体性を刺激し、新たな行為を引き起こすのである。悟性認識に留まる者は、形式を認識し、その外面的意味を知るだけであるが、決して自分が主体的にそれに関わろうとはしない。そこに両者の大きな違いがある。つまり、理性による教育の意義は、理性による認識を通じて、人間の主体的意志を覚醒させ、愛に基づいた一人の人間として、責任ある行動を促す教育の重要性を主張することなのである。

3.4. 覚醒の意義

さて、ヤスパースの教育哲学において、理性と並んでもう一つ注目すべき概念をあげてみたい。それは、「覚醒（Erweckung）」である。先述のように、理性によって実存と悟性を媒介する道筋は備えられたが、実際、主体的意志が目覚めなければ、理性の意義はない。増渕は、

> 人間存在の本質を自由と捉えて、単独者が現存するもの一切を超えていくように覚醒することこそ、ヤスパースの哲学思想の核心である[45]。

と述べ、その重要性を指摘している。

覚醒の概念は、実存哲学・思想家たちの間で、すなわち、ボルノーやブーバー、キルケゴールなどによって部分的にみられる。また古くは、ソクラテスの産婆術にまでさかのぼることもできよう。教育の分野に導入され始めたのは、シュプランガーやデルボラフによると言われている[46]。その

中で注目すべき見解を述べているのはボルノーである。彼は、覚醒の概念がキリスト教的伝統から発生してきたと考えている[*47]。覚醒は「悔い改め」や「回心」の比喩的表現であるという[*48]。ボルノーの指摘する通り、確かに宗教的概念として覚醒の意義は大きいと言えるであろうが、一方で、教育の領域においてはどうなのであろうか。成長や発達と言った、人間の生の営みが連続的であるのに対して、覚醒は非連続的契機である。ボルノーは、覚醒の教育の分野に対する導入の難しさを認めているが、彼の覚醒の教育学的側面をまとめてみると次のようになる。

①覚醒は潜在的にあるものの現実化である。
②覚醒は教育者の外からの助力によって可能となる。
③覚醒はそれまでの持続的傾向から強制的に引き離されるため苦痛を伴う。
④覚醒は本来的状態への徹底的な転回と結合している。
⑤覚醒による転回は一瞬のうちに生じ、それは唯一の出来事である。[*49]

斎藤は著書『ヤスパースの教育哲学』(創文社 1982年)の中で、このボルノーの覚醒の教育学的側面を、ヤスパース哲学の交わりの視点から教育の場面に応用することを試みている。彼によると、上記の①は、それだけでは不十分であり、さらに交わりによって「共同の創造」(実存の共同体における、各人における創造)という意味が加わるべきであると考えている[*50]。また、②について、交わりの相互的関係に注目し、覚醒が交わりの結果であり、教師と生徒が互いに覚醒し、覚醒されることを見落とすべきではないと言う[*51]。③について、覚醒は、ヤスパースにおいて現存在から実存への飛躍・転回・超越として非連続的なものである点で同意している[*52]。しかし、斎藤はボルノーがむしろ強調したかったと思われる覚醒が苦痛を伴う点には触れていない。ヤスパース哲学における「限界状況」の概念との関連に注目すると、覚醒のもつ現実的であり、実存的な生々しい性格が浮かび上がってくるであろう。つまり、仮に斎藤の指摘の通り、覚醒が実存への非連

第Ⅰ部　開かれた哲学

続的契機であるならば、実存に属する限界状況下にある自己は、死や闘争といった避けることのできない状況に気づくことになる。限界状況は、「われわれが突き当たり挫折する壁のごときもの」である[*53]。ヤスパースによれば、覚醒のもつ非連続的側面は、「突き当たる」ことであり、また「壁」である。そして、苦痛は「挫折」によって表現されている。

　④の部分は、斎藤によれば、ヤスパース教育哲学における覚醒の中心的要素となっている。つまり、覚醒の意義は、それ以前の非本来的状態から覚醒によって本来的状態へと転回することなのである。ボルノーによれば、⑤のように、その転回は一回的であり、唯一一瞬のことであるが、斎藤は、ヤスパースにおいて覚醒の繰り返しが交わりの中で行われると考えている[*54]。彼は、覚醒が「生きた認識」、ヤスパースの「思惟的行為 (denkendes Tun)」[*55]という内的運動によって行われると考えている[*56]。教育の場面では、学習における目的意識を教師がまずもち、そして生徒にもたせることが大切であると言う[*57]。

　このように斎藤は、覚醒を教師と生徒の交わりという構図に具体的に当てはめて展開しているため、自己実現の手段の役割に留まっている観がある。増渕は、さらに踏み込んで、ヤスパースの教育を「意識的・主体的に生きることを喚起する実存の真理へと向かう覚醒の教育」と捉えている[*58]。真理とは、単に個人の自己実現だけに限らず、超越的存在との関係をも領域に含んだ概念であると言える。つまり、ヤスパース哲学における教育の課題は、個人の本来的な自己の実現を目指していることには違いないが、それは決して人間同士の、教師や生徒の創造的関係の樹立によってのみもたらされるものではなく、真理との関係、さらに具体的に言うならば、神や超越者による導きと言った、超越的・宗教的次元においてはじめて実現可能なものである。覚醒はそのような次元において本来的な意義をもつのである。

〈註（第2章3節）〉

1. 寺脇丕信著『ヤスパースの実存と政治思想』北樹出版　1991年　p.95
2. WtB, S. 202
3. PhI, S. 13, 15
4. 増渕、p.290
5. Tollkötter, S. 81. jp. 138
6. DphG, S. 16-18
   従来、"das Umgreifende"を「包括者」と訳したものが多いが、本論では存在の超越性を重視する観点から「包越者」と訳することにした。
7. VuE, S. 46　vgl. DphG, S. 39
8. VdW, S. 1004
9. ibid., S. 107
10. DphG S. 39
11. 「乗り越えた」とは悟性を含みながらさらに越えたという意味であり、包越者としての理性の特徴を表している。
12. 包越者の諸要素は第1章の註を参照のこと。
13. VdW, S. 989
14. VdW, S. 991
15. ibid., S. 1004
16. 斎藤武雄著『ヤスパースにおける絶対的意識』創文社　1961年　p.46　vgl. VuE S. 49
17. DphG, S. 39
18. VuE, S. 96
19. 斎藤（1961）、pp. 314-315
20. VdW, S. 992
21. 金子武蔵著『実存理性の哲学』光明社　1967年　p.237
22. 斎藤（1961）p.295
23. 金子、pp. 239-240
24. ibid., p.244
25. ibid., p.244-245
26. VdW, S. 989
27. 斎藤（1961）、p.293
28. ibid., p.297
29. ibid., p.325
30. VuE, S. 49
31. ibid., S. 49
32. ibid., S. 49

33. ibid., S. 71
34. DphG, S. 40
35. EX, S. 51-52
36. DphG, S. 39
37. PhII, S. 54（cf. 第 2 節の註 35 に上げたザラムンの論文が参考になる。）
38. CT, S. 50　第 4 章　ブルトマンとの比較を参照。
39. DphG, S. 40
40. PhII, S. 60
41. PhII, S. 65
42. KSD, S. 46
43. DphG, S. 20　vgl. ibid., S. 32-33
44. PhI, S. 16-17
45. 増渕、p. 50
46. cf. O.F. Bollonow: *Exisgtenzphilosophie und Pädagogik*, 7. Aufl. Verlag, W. Kohlhammer, 1984 Stuttgart/Berlin/Köln/Mainz, S. 43
　　（ボルノー著『実存哲学と教育学』峰島旭雄訳　理想社　1987 年 p. 66）
47. ibid., S. 44, jpp. 67-68
48. ibid., S. 47, jp. 74
49. cf. ibid., S. 51-52, jpp. 81-82
50. 斎藤武雄著『ヤスパースの教育哲学』創文社　1982 年 p. 156
51. ibid., p. 157
52. ibid.
53. PhII, S. 203,（jp. 233）
54. 斎藤（1982）、p. 157
55. VdW S. 311
56. 斎藤（1982）、p. 160
57. ibid.
58. 増渕、p. 467

4．ヤスパースの習得理論

4．1．自己教育と習得の概念

　本来、理性による教育は、根源的に包越者の中で、愛としての実存に基づくものである。この節では、先述の交わり論と理性・実存の働きが、知識の獲得や人格形成など、教育に関する課題にどのような関係をもつのかを考察する。特に、彼の哲学の中で「自分のものにすること（Aneignung）」に注目する。

　ヤスパースの教育哲学を「自己教育(Selbsterziehung)」[*1]を目指すものとして位置づけている研究は少なくない。自己教育は、社会における様々な対人関係や自然環境、そして文化遺産の中で、人や物を通して、直接・間接的になされる。ヤスパース自身、「交わり」による教育は、一方で、生きた人間による実存的交わりを目指す「自己教育」であった。他方、自己教育は、歴史や伝統によって継承された精神的遺産（文化や思想、知識など）を自分のものにすることによってもなされる[*2]。この「自分のものにすること」は、「我有化」、「獲得」、「習得」など多様に訳されている。この点は、従来の研究ではあまり触れられていなかった部分である。むしろ、これは、「暗号（Chiffre）」概念の分析等、宗教哲学などで扱われる傾向があった[*3]。

　この「自分のものにすること」は、自己教育において重要な概念と考えられ、交わりとは別の教育学的視点として有効であると思われる。さらに、この視点はヤスパースの包越者論における各存在様式において、いくつかの層をもって見出すこともできる。「自分のものにすること」は、生きた人間同士の交わり以外の領域における、比喩的な意味で「交わり（Umgang）」と呼ばれている部分[*4]の考察に深く関係している。ヤスパースは、この点を

「精神的遺産を自分のものにする」こと、「伝統の伝承」の文脈で様々な著作の中で触れている。ヤスパースの教育論(『教育とは何か?』)をまとめた H. ホーンは、この点について「偉人たち」を「我がものにする」というヤスパース独自の方法を、「教育と伝承」の章にまとめている。そこでは、カント、ゲーテ、ニーチェなどの*5「(過去の)偉人たちと自己生成」が記されている。ヤスパースは、そこで次のように述べている。

> 習得する(Aneignung)とは、単なる合理的なものにおいて成功するのではなくて、その助けを受けつつ偉人達自身と交わる(Umgang)なかで初めてうまく行くのである。*6

偉人たちとの交わりによって、過去の精神的遺産を自分のものにする行為は、本来、暗号解読に属するものである。しかし、自己教育の文脈から考察する際、それは交わりの視点ではなく、習得の視点から考察されなければならない。

4.2. 習得概念に関する先行研究

ヤスパース教育哲学研究において、先述のマイヤーは、習得概念を重視している一人でもある。彼は、「習得は、ヤスパースの陶冶理論(Bildungslehre)の核となる概念であり、陶冶を存在関係(Seinsverhältnis)と特徴づける。」*7と見なしている。つまり、習得概念は、彼によると存在と陶冶との関連付けを可能にする鍵概念なのである。さらに、彼は「習得は自己了解への道であり、その一回性(Einmaligkeit)と実存的自己実現の根源性(Ursprünglichkeit)において接近する。」*8とも述べている。このマイヤーの指摘した根源性*9の意義は、トルケッターも教養の習得の関連で同様に認めている。

> 個々人が精神的教養内容を心から迎え入れるとき、この内容を自分自身の根源の深みからして捉えるとき、(略)精神的教養は真の教養と

して実存的現実の表現となる。*10

　また、習得のもう一つの重要な契機である「一回性」について、マイヤーは、ヤスパースの引用をしながら言葉の習得について説明している。「深淵からの完全な習得はただ一回個人に対して生じる。」*11ヤスパースにおいて、言語習得の一回性は、単に回数の問題ではない。そこでは、一回性が実存の根拠としての深淵と習得との関係において語られている。

　以上、マイヤーの研究から、確かに習得がヤスパースの存在論や教育、陶冶に関わる概念であることが理解される。次に、具体的に習得概念を包越者論との関係において理論化していくことにしたい。

4.3．習得モデルの構造

　習得は、ヤスパースの「偉人達をわがものにする」行為に沿うならば、基本的に単独で行なわれるものであり、また、物（書物）と自己（読者）との関係において展開されるものである*12。そこで、習得のモデルを想定する際、①習得の対象と包越者の関係、②習得の主体である「私」の位置づけ、③習得という行為の意味の３点に注目する。また、交わり論では、現存在、意識一般、精神、実存の各様態に合わせた形式が想定されるか、または現存在的交わりと実存的交わりの二種類で説明されてきた。しかし、ここでは、習得の主体である自己存在が、包越者の諸様式に合わせて段階的に変容していくこと、さらに、対象の認識もその諸様式に合わせ段階を経て進んで行くことを考えると、習得モデルもまた段階的に構造化されなければならないであろう。

　そこで、次のような三つの包越者グループを便宜的に構成してみたい。それらは、第一段階に現存在と意識一般を構成要素とし、第二段階に現存在、意識一般、精神、さらに第三段階に現存在、意識一般、精神、実存を構成要素とする。

　包越者のグループ分けという作業は、かつて交わり論の文脈でイベレー

ルなど何人かの研究者が試みている。イベレールは第二段階に相当する包越者グループを「現存在 II(Dasein II)」[*13]と呼んだ。結果的にこの呼び方は、現存在的交わりの概念的混乱を招くことになった[*14]。また、第三段階のグループは、ヤスパース自身が「我々である包越者 (das Umgreifende, das Sein, das wir sind)」として「存在自体である包越者 (das Umgreifende, das Sein an sich)」[*15]と対比した存在様式のグループである。第一段階において、現存在が単独で構成要素とならない理由は、習得の前提として対象認識が不可欠であるためである。ヤスパースのように、我々の存在自体を問題とするときには、確かに現存在としての様式を単独に取り上げることは可能である。しかし、習得という文脈では、対象の認識が前提として必要であり、そのための意識一般の包越者が不可欠である[*16]。

さて、習得の対象もまた三つの段階に沿って区分される。ヤスパースは、非対象的な存在を対象性において思惟する際に、「現象・標識・暗号 (Erscheinungen, Signa, Chiffern)」の三段階があると述べている[*17]。この三段階を対象的存在の思惟に適用する場合、前の二つが「記号・象徴 (Zeichen, Symbolen)」と表現されている[*18]。そこで、習得の三段階においても、活字を通して対象を認識し、意味を理解することを想定するならば、現象・標識よりも、記号・象徴の視点から対象の位置づけを行う方が適切である。即ち、習得の対象は、第一段階は記号、第二段階は象徴、そして第三段階は暗号となる。

次に、習得の主体である「私」の位置づけが、習得プロセスの進行によって変化することを前提とするならば、包越者の諸様態に沿って、4段階を踏まなければならない。しかし、現存在としての意識と意識一般の意識は、彼によれば、根源が異なるものであり、区別されるものであると言う[*19]。習得モデル構築には、現存在の領域に留まる意識よりも、拡張性の高い意識一般の意識の方を採用すべきであろう。そこで意識一般に基づく対象認識として私を位置づける場合、以下の三つの表現が有り得る。習得の主体である「私」は、第一段階では「自我 (Ich)」、第二段階では、「自己 (Selbst)」、第三段階では、「実存(Existenz)」となる。ただし、実存は、包越

者の様態でもあり、混同を避けるため、ここでは、「本来的自己(eigentliches Selbst)」という表現を使用する*20。ヤスパースは、「私」の存在を「自我そのもの（Ich selbst)」や「自己存在（Selbstsein)」と表現している。この自我と自己はともに包越者の諸様態において位置づけられ、実存としての本来的自己になるための準備段階の私を表している。また、この本来的自己との対比として「可能的実存（mögliche Existenz)」がある*21。

さて、次に習得の行為に関して説明する。仮に習得概念をヤスパースの使用する「我有化（Aneignung)」に限定するならば、それは、経験的認識（Wissen）と全体的な了解（Verstehen）の区別を前提とすることになる。この区別が三者の分離と混同されるならば、各包越者間の連続性を否定する可能性がある*22。また、イベレールのように交わりの一形式として習得を捉えることも、人と物との関係という習得概念の独自の構造を曖昧にしかねないことになるであろう*23。本書では、「我有化」や「自分のものにすること」という従来の表現を敢えて使用せず、「習得」にした理由は、習得の概念を、対象の認識と対象と自己との関連付けによる了解、さらに対象の根源と自己との関係性の受容という三つの段階すべてにおいて使用可能とするためである。従って、習得の行為は、第一段階において対象の認識、第二段階において対象と自己との関連付けによる了解、そして第三段階において対象の根源と自己との関係に気づく覚醒に分類される。これまでの説明を段階ごとに整理すると以下のようになる。

〈習得モデル〉

［習得の行為］	［主体］	［対象］	［包越者］
第一段階　認識	自我	記号	現存在・意識一般
第二段階　了解	自己	象徴	現存在・意識一般・精神
第三段階　覚醒	本来的自己	暗号	現存在・意識一般・精神・実存

次に、この習得モデルの構成要素をさらに説明しながら、モデルがどのように機能するのかシュミレーションを試みる。その中でこの問題も明ら

かにされる。

4.4. 習得モデルのシュミレーション

　まず、第一段階の構造は、現存在と意識一般の包越者によって習得の主体である自我が存在する。この自我が習得する対象は、記号として認識される存在である。

　自我は、ヤスパースによると「自己自身を客観化するところの主観である」と言う*24。この「自己自身」とは、包越者のどの様態に属するものなのか。つまり、現存在としての自己なのか意識一般を含んだ自己であるのかは、自我がいくつかの相をもつことによって異なる。例えば、自己の身体性を意識したときの「身体的（Körperich）」自我*25、社会生活との関連で自分の職業によって意識される「社会的自我 (soziales Ich)」*26などがある。これらは、自我として自己自身を客観化するため、対象化するための意識が必要である。すなわち、意識一般の様態において捉えられる存在なのである。また、自我の現存在の側面は、私という個としての生命体として存在していることであり、誕生と死があり、他者に対する情動(情欲、衝動、意志)をもっている存在である*27。しかし、現存在のみでは自己自身を客観化する主観は成立しない。そこで、第一段階における自我は、現存在と意識一般を含んだ存在と言うことになる。

　それでは、自我の習得可能な対象は何であろうか。例えば、先に触れた「過去の精神的遺産」である偉人達の思想や古典の類は、自我の習得能力において、意識一般の次元で獲得される知である。それは「対象知(gegenständliches Wissen)」*28と呼ばれている。自我は、対象知によって、偉人という人間の存在の認識や書物に記述されている文字の判読が可能である。そこで習得されるものは、文字情報、すなわち、記号である。ヤスパースは「記号とは何らかの他者の定義可能な意義であり、そのものとして直接近づきうるものである。」*29と説明している。これに関し、北野はヤスパースの意味する記号が従来の記号論と異なる点に触れつつ、ヤスパースが記号によ

って「対象存在と存在そのものを区別すること」を試みていると指摘している*30。北野によると記号は、対象となる存在を一義的に「指示する」印に過ぎない。

もし、記号が対象の一義的指示のための印であるならば、第一段階の習得は、その印の認識ということになる。例えば、過去の偉人が記号として認識されることをどのように理解すればよいのであろうか。この段階では、「偉人」のもつ歴史的価値や権威への感覚などは、自我である私には理解不可能である。何故なら、価値や権威は一義的に記号化され得ない歴史的解釈を必要とするからである。ここで習得される内容は、自我の基本的な欲求や感覚に左右されるものである。例えば、偉人の外観や行為の表面的嗜好が習得される。それによってもたらされる自我の態度は、ある特定の人間を神格化することによって示される。

無論、第一段階の習得に留まるだけでは自我は満足することができない。ヤスパースによると、自我は、自分を即物的存在のままにしておくことはできず、本来あるべき「自分を取り戻す(Zurücknehmen)」*31可能性が備わっていると言う。この取り戻しにおいて「私自身への関係 (Verhalten zu mir selbst)」*32があり、それが自我を新たな段階へと進めさせる「足場(Ansatz)」となる、と彼は言及している。

第二段階は、現存在、意識一般に加えて精神の包越者が構成要素に入る。そして習得の主体は、自我から自己の段階に進む。そこでは対象は固有の意味をもった象徴として自己に了解される。

まず、自己の意味から説明していくことにしたい。第一段階における自我には、「自分自身を取り戻す」可能性が備わっていた。しかし、その可能性を伸ばしていくための「私自身への関係」という足場は、精神の包越者によってさらに確かなものとなる。精神は、現存在と意識一般を内在させながらもそれを越えた存在様式である。包越者論の中で、精神は実存へと超越する直前の段階に位置し、内在と超越の両者の性格を混在させている*33。つまり、精神を含んだ自己は、自我の基本的欲求と、本来あるべき

自分への志向性の両方を内包するダイナミックな存在なのである。それ故、自己は二つの方向に引っ張られることになる。一つは、「自己反省(Selbstreflexion)」*34によって自己を高めていく方向であり、もう一つは、「自己脱落（Sichausbleiben)」*35によって自己の基本的欲求に支配される方向である。そこには、自己絶対化か自己放棄という絶望が待っている。

　自己が自己反省によって自らを高めていく方向に進むために、ここで自己反省についてさらに説明したい。自己反省とは、私とは誰であるのか、といった自分についての知を獲得するものである。しかし、意識一般レベルで獲得されるものをさらに越えて、「真剣さ(Ernst)」をもって自分についての存在の源泉への問いを発するものである、とヤスパースは言う。彼は、その問いの例を「対象的には知られ得ない」と断りながらも、魂の平安や、倫理的な理性と行為の一致、自分自身の真実な在り方などに関して述べている*36。このような自己反省は、すでに単なる知識欲ではなく、自分自身の内面を深く見つめ、時には仮面を被った自分や、絶望する自分を見出すのである。そこで、自己反省の段階を乗り越えて、新たな自己の存在にいたる必要が生じるのである。

　このような自己反省の段階は、本来あるべき自己を創造することの実現へ向けて、重要な動機付けの段階でもある。「自己反省は、根源的に私自身から発する動機(Motive)をもつ。」*37動機付けは、他者から強制的に押しつけられるものではない。自己反省に必要な条件は、「自己存在の根源から生ずる決意の統一への意志の衝動(Impuls der Wille zur Einheit des Entschlusses)」である*38。この衝動は、人間の基本的な現存在的な欲望からではなく、むしろ、超越的次元から内在的人間への存在への働きかけのようなものであると言えよう。衝動それ自体は、自己反省の内的現象であるが、衝動を起こさせるものは、自己そのものではない。自己反省は、このように自己の精神的現象と、それを引き起こす根源的存在からの働きかけという二重の構造を持っていると言える。この働きかけは、実存的運動の根源の重要な機能と言える。

　さて、第二段階における習得の対象は、象徴である。記号と象徴の区別

は、その意味の示す数にある。北野によると、記号と象徴の相違点は、意味の一義性と多義性にあり、共通点は、代理的性格であると言う。代理される人と代理人は異なり、記号や象徴においても同じである。北野によれば、記号は委託された仕事しかしない、「融通のきかない無能な代理人」であり、象徴は、代理される人の内面をも熟知した「有能な代理人」であると言う。記号と象徴とそれによって示されるものとの代理関係は、記号が「外的、一義的」であるのに対して、象徴は「内的、多義的」であると言う[*39]。

このような性格をもつ象徴を自己が習得するとは、どのような意味をもつのであろうか。第二段階における習得の意味は、了解であった。了解は認識と異なり、知覚された対象の情報を一義的に獲得するだけではなく、その対象と自己との関連付けがなされる点にある。つまり、記号として一義的に習得された意味の他に、現在に生きる私に獲得される固有の意味を認めることである。ヤスパースの了解概念は、その多くをディルタイに負っていると言われている[*40]。ディルタイの精神科学的な了解概念は、ヤスパースが精神病理学から哲学へ進む一つの大きな契機となった。ディルタイは、了解を「感覚的に与えられる精神生活の表現から、この精神生活全体が、認識にもたらされる過程をさすのである。」と説明している[*41]。ヤスパースが彼から学んだ一つに、外から見える部分的な症状によって人間の精神状態を診断するのではなく、内的な感情も含めた人間存在全体から判断する態度であった[*42]。この感情の部分は、第二段階の了解概念において看過すべきではない。何故なら、感情は、習得する対象が自己と何らかの関わりをもって対峙し、自己にとって固有の意味をもつことによって生じるからである。

さて、象徴のもつ意味獲得と精神の包越者の関係を説明したい。ヤスパースは、精神の包越者の根本性格を「思惟と感情と行動とにおいて［それらを］まとめている全体者（Ganze）」であって、「理念（Idee）」であると述べている[*43]。しかも、それは、「もろもろの形態や図式へとそのつど対象的に己を結晶せしめている、すべてを貫徹する力（Macht）」であるとも述べている。ここで言及されている「形態（Gestalten）」や「図式（Schematen）」は、

象徴として存在する。例えば、多くの学校において、建学の精神は、校訓として石碑に刻まれ、正門などに設置されることも珍しくはない。同時に、校章としてその精神がシンボル化される。その校章は、学校の過去の歴史や伝統、そして文化を抽象化した表現によって端的に表している。象徴を習得することは、自己が象徴の意味を歴史的に獲得することによって成り立つ。

　第三段階において、自己は現存在、意識一般、精神の包越者の他にさらに実存を加えた存在となっている。第二段階において自己反省の過程を通って自分自身の本来的在り方を垣間見たが、そこに到達するには、自己の衝動だけでは不十分であり、その根源との関係がさらに確実になる必要がある。第三段階において、あらゆる存在の根源の自覚とそこからの働きかけによって自己の存在は、「授けられたものである(gegeben)」[44]かのごとく意識する「絶対的意識 (absolutes Bewusstsein)」へ到達し、あらたな自己の段階へと飛躍するのである。ヤスパースは、この段階における自己の在り方を「私が私自身に達する (ich komme zu mir selbst)」[45]と表現している。しかし、この自分自身に到達すること、換言すると、本来的自己実現は、「自己贈与 (Sichgeschenktwerden)」[46]の意識でもある。本来的自己に至るには、自己が自己自ら、単独でその目標を実現することによるのではなく、根源において自己を覚醒させ、存在としての自覚を授け、与える他者があって初めてそれが可能となる。ヤスパースは、この根源自体や存在を授ける主体を「超越者 (Transzendenz)」[47]と呼んでいる。ボルノーとヤスパースが決定的に異なるのは、ヤスパースが超越者概念によって、実存的運動を含めたすべての存在や生成の根源を示したことである。

　本来的自己は、暗号を通じて超越者と関係する。暗号は、「超越者の言葉(Sprache)」[48]とも言われ、本来対象化不可能な超越者の存在を対象的存在として認識可能にする形式である。ヤスパースはいたるところで暗号は認識不可能である、と述べている[49]。しかし、その本意は、確かに超越者そのものの認識不可能性を意味しているが、非対象的存在と形式を通して認

識することは肯定していると考えられる。それ故、彼は「暗号であり得ないようなものは存在しない」[*50]と同時に言及しているのである。

　そこで、第三段階における習得の対象は暗号である。しかし、実際に第三段階では、習得の対象を暗号と受け取って習得するのではなく、第二段階の象徴の習得と、それに伴う自己反省のプロセスによって、自己の意識の中に生じる様々な葛藤、例えば、存在の根源性への畏怖や自己の在り方への不安などを通じて習得し、その過程で根源的な他者の存在に気づかされる。しかし、その段階では、まだ自己の主体性が自己存在を支配している。つまり、自己存在は自己自身によって保証されるという思いが強いのである。象徴が暗号として自覚される瞬間は、その保証が揺らぎ、自分中心に考えてきた存在の基盤が壊される経験をするのである。(「限界状況」[*51])そして、象徴によって感じとられていた、「歴史性(Geschichtlichkeit)」[*52]は暗号によってさらに明確に意識されることになる。その意識は、象徴が発生した過去の時代や当時の価値観への理解だけではなく、それをも含んだ人類の歴史とそれを超越した存在への意識である。

　つまり、第三段階における習得は、すでに本来的自己が暗号として位置づけられた対象を自分のものにする、というよりはむしろ、第二段階から継続してきた自己反省によって自己の存在基盤が揺らぎ、習得の対象の根底に絶対的他者の存在を見出すこと、つまり、自己存在とその根源の「覚醒」[*53]である。それによって習得は、自己の主体的行為から受動的行為へ転換する。しかし、暗号はあくまで可能性であり、「実在性(Realität)」ではない[*54]。それ故、暗号を習得したことを客観的に証明することはできず、従って、自己実現の客観的保証は得られないことになる。この点がヤスパースの習得理論の特徴でもあり、また教育実践への適用の際の問題点でもあると言えよう。

4.5. 現代の教育学とヤスパース習得理論

　ヤスパースの習得モデルは、特に第二段階の自己反省の過程でそれを促

す根源的存在からの働きかけに言及し、さらに、第三段階の暗号の習得によって本来的自己実現がなされるという目標を示している。ボルノーが、峰島の指摘するように、敢えて神的存在に触れずに教育と哲学を論じたことと比較すると[*55]、ヤスパースが、安易に超越者の設定によって、本来的自己実現の根源を示した、という批判は、ボルノー研究者から当然生じてくるであろう。しかし、無宗教の多い日本人社会においてこの理論がもつ意義は少なくない。何故なら、現代日本の教育学は、戦中の軍国主義的教育の反省から、宗教教育に対して距離を置き、宗教と教育の関係の学問的考察に必ずしも積極的ではなかったからである。日の丸・君が代が公教育に義務化された現在、教育と宗教の問題を改めて考察する必要性は、むしろ高まっていると言える。さらにそのような状況の中、特定の宗教によらず、かつ宗教的次元に踏み込んだ教育理論の果たす役割は大きいと言える。

　他方、現在社会におけるコミュニケーションは、まさにインターネットを中心とした非人格的交わりへと急速に移行しつつある。今後、多様な教育活動にそれらは応用されるであろう。多量な情報を高速に伝達できる時代に私たちは生き、そして、子どもたちもその中で成長している。そのような時代であるからこそ、習得する対象と自己との関係を大切にすべきである。例えば、多量な情報や事物の中で「自分にとって」必要なものを選択する判断力が必要とされる。その力は、自分の好みや価値を選択するだけではなく、対象がものから人、出来事へ移るにつれ、人生観や倫理観、自己の存在そのものへの問いかけに発展する可能性がある。ここで論じた習得理論は、その可能性を実現する一つの試みである。

〈註（第 2 章 4 節）〉
1. 増渕、p. 22 ほか
2. PhI, S. 286, cf. VdW, 440 f.
3. Hommel, C.-U: *Chiffre und dogma*, Vom Verhältnis der Philosophie zur Religion bei Karl Jaspers. Zürich 1968, Pfeiffer, Helmut: *Gotteserfahrung und Glaube*; Interpretation und theologische Aneignung der Philosophie Karl Jaspers', Trierer Theologische Studien, Bd 32, Paulinus Verlag, Trier, 1975
4. Horn, S. 386, cf. GP, S. 56
5. WE?, S. 242 f.（『教育の哲学的省察』（増渕幸男訳）以文社　1983 年）
   これらは主に、『偉人たち』（GP）からの出典である。
6. ibid., S. 237, GP, S. 71
7. Mayer, S. 35
8. ibid.
9. マイヤーは一回性とつつましさ（karg）にも触れている。ibid., S. 34
10. Tollkötter, S. 125-126, (jp. 212-213), （下線引用者）
11. VdW, S. 417, jp. 366
12. PA, in: *Philosophie und Welt*, R.Piper&Co., Verlag, München, 1958, S. 75f. jp. 155「1937 年以後、私（ヤスパース）は読書を通じて新しい世界知を習得した。」と述べている。
13. Iberer, S. 64
14. Büttner, S. 35, ブットナーは、この交わりを「科学的交わり（wissenschaftliche Kommunikation)」と呼び、現存在的交わりの意味を整理した。
15. DphG, S. 16
16. ヤスパースは意識一般の包越者を「対象性に向けられた知において存在がそこで対象性として示されるような包越者」であると説明している。さらに、意識一般には「限界がなく」、「対象的な思念を通じて現前するようになる一切のものを包括する。」（VdW, S. 67-68, jp. 140-141）現存在と意識一般の関係は、独立的であり相互に分離している。彼は「現存在の意識」と意識一般とを区別し、両者には一つの飛躍があると言及している。（ibid., S. 68, jp. 142）
17. PGO, S. 156 f. jp. 166-168
18. ibid. S. 157, jp. 168
19. VdW, S. 68, 第 1 巻　jp. 142）
20. PhII, S. 49
21. ibid., S. 120, jp. 139
22. ヤスパース自身「自分のものにする」という概念を積極的に限定する意図は見られない。しかし、包越者論においては、この概念は、現存在、意識一般、

精神を超えた次元で得られた知、つまり対象的な知を超えた「根本知（Grundwissen）」の獲得を意味している。無論、根本知の獲得がそれ独自で実現されるものではない。包越者論の構造的特徴である「包み越える」プロセスを経ることがその知の獲得にも必要である。それ故、「対象知（gegenständliches Wissen）」の獲得のための経験的認識や全体的な了解が自分のものにすることの前提として不可欠となる。本論文で使用する「習得（Aneignung）」の意味は、本来ヤスパースが使用している「自分のものにする」意味の前段階の認識や了解の意味も含め、広義の"Aneignung"として位置づけられている。広義に使用する必然性は、まさに包越者の構造上の特徴にあるのである。

23. Iberer, S. 179
24. PhII, S. 26, jp. 31 ヤスパースはこの自我を「自我一般（Ich überhaupt）」と呼んでいる。
25. ibid., S. 28, jp. 34
26. ibid., S. 29-32. jpp. 36-38 ほかにも、自分の成果や業績による「業績的自我（Leistungsich）」過去の自分を振り返ることによって自分を意識する「回想的自我（Erinnerungsich）」がある。
27. VdW, S. 54 f., jpp. 114-115 ヤスパースは現存在の特徴を示すために次のような表現を用いている。「私の現存在」「己の世界における生」「発生と消滅」「渇望」「戦いの不安定さ」「包越的現実性」
28. VdW, S. 21
29. PGO, S. 157, jp. 168
30. 北野裕通著「記号・象徴・暗号」in:『認識と超越』稲垣不二磨他編著　北樹出版、1981年、p.207
31. PhII, S. 35, jp. 43
32. ibid.
33. PhII, S. 40, jp. 49
　　ヤスパースは、自己反省の特徴において、私という存在が「（現存在の直接性と実存の根源性の）分裂性としての可能性（in der Möglichkeit als der Gespaltenheit）」の中にある、と述べている。
34. ibid., S. 37, jp. 45
35. PhII, S. 42
36. ibid., S. 37-38
37. ibid., S. 39, jp. 48
38. ibid., S. 40, jp. 49
39. 北野、pp. 203-224
40. AP, S. 250,
41. ディルタイ著『想像力と解釈学』（由良哲次訳）理想社　1962年 p.95

42．AP, S. 255, jpp.181-182（西丸訳）ヤスパースはここで、理性的および感情移入的了解（Rationales und einfühlendes Verstehen）を説明している。
43．VdW, S. 71（第1巻 jp. 148）
44．PhII, S. 44, jp. 54
45．ibid., S. 45, jp. 55
46．ibid., S. 42, jp. 51
47．超越者は、「神（Gott）」とも言い換えられている。cf. WP?, S. 48, jp. 31
48．CT, S. 29, 50, vgl. Ex, S. 76
49．CT, S. 29, 50, jp. 93, PhIII, S. 136-137, jp. 155, VdW, S. 1033,（第5巻 jp. 334）
50．PhIII, S. 168, jp. 191
51．PhII, S. 203
52．ibid., S. 121, jp. 140
53．第2章3節 覚醒の意義を参照。ヤスパースは、「我がものとすること。これは、模範および悪例にしての人物たちと、入念に対決することである。我がものとすることを遂行している間に、自己覚醒と自己了解が生起する。（略）」と述べている。（WP, S. 67, jp. 99）ここでは、自己了解を第二段階においた。それは、覚醒の意味が了解より存在の根源への飛躍や自己実現に近い概念と考えたからである。
　　cf. 斎藤（1982）、p. 136
54．PGO, S. 480, jp. 523
55．峰島旭雄、in: ボルノー著『実存哲学と教育学』理想社　1987年、訳者あとがき　p. 297

第II部
ヤスパースと三人の神学者たち

―― キリスト教教育哲学の断片 ――

第 3 章　ブルトマンとヤスパース
―― 聖書理解をめぐる対話 ――

１．学問の対象としての聖書

　ヤスパースは、聖書をヨーロッパ人の思想形成上、最も重要な古典の一つ[*1]と見なしている一方、それを神話として、つまり、神の言葉としての暗号と位置づけてもいる[*2]。彼は、神学者ブルトマンと聖書理解をめぐって有名な「非神話化」論争を行った。ブルトマンもまた、聖書を学問の対象となるテキストとみなし、聖書研究を行った。これから二人が聖書をどのように位置づけ、学問の対象としていったのかを比較・考察していくことにする。

　まず、聖書は古典としてキリスト教の精神世界を、ヨーロッパ諸国のみならず世界中に示す書物である。ヨーロッパ人としてヤスパースは、聖書が与えた精神的遺産を素直に肯定し、ギリシア神話などと並んで、歴史的批判に耐えた古来からの思想を伝承する価値ある書物と考えている。特に彼は、旧約聖書の記述を新約聖書より多く引用し[*3]、神が人間にどのように呼びかけ、働きかけているかを説明する際に用いている。新約聖書に登場するイエスに関しては、キリストとして見なすのではなく、一人の偉大な人間として、他の思想家、哲学者とならぶ者として位置づけている。
　また、ヤスパースにとって聖書は歴史的に価値ある伝承としての神話の一つであり、超越者の言葉としての暗号でもある。神話は暗号の三つある形態の二つ目である「伝達において普遍的になる言語 (die in der Mitteilung allgemein werdende Sprache)」に属する[*4]。この第二言語の中にさらに「特殊

101

形態の神話 (sondergestalteter Mythus)」*5があり、それは「合理的認識によらず、ある話を物語ることによって、実存的なもろもろの緊張を解くことへ導く」*6ような神話であると言う。さらに、彼によれば、神話には歴史的相対性によって変容しない永遠の真理があり、それは解釈されるべきものではないと言う。何故なら、解釈は神話のもつ永遠の真理の輝きを鈍らせ、曇らせるからであると言う*7。解釈を拒否する彼の姿勢は、ブルトマンと新約聖書の非神話化を巡る議論の中でも明白である*8。

　ヤスパースは、神話には固有の意味があり、それは他の言葉に翻訳不可能なものである、と述べている*9。彼が翻訳不可能性を主張する理由は、翻訳によって神話が解釈され、オリジナルのテキストのもつ意味が変えられてしまうためであり、また、神話の意味を単に一般的に理解することとは違った、いわば形而上学的な意識を問題にするからである。彼によれば、神話は歴史を説明し、直観をもたらすと言う*10。神話が翻訳された場合、神話からもたらされる直観が、翻訳というある種の解釈によって消し去られてしまうことにヤスパースは、異議を唱えるのである。さらに、彼は暗号が認識され得ないことを強調したかったため、直観という表現を用いたと推測できる。ヤスパースは、もし暗号が直観ではなく悟性概念によって対象化されるならば、超越者の無限性が概念によって有限化され、結果的に固定化をもたらす危険があることを予知していたのである。

　このようなヤスパースの考えは、暗号は翻訳も解釈もされるべきではなく、また合理的に理解されてはならず、ただ直観によって固有の意味を感じ取るものである、という神秘的領域を残すものである。

　ブルトマンの場合、ヤスパースと異なり、聖書は学問的に解釈され得るテキストとして見なされている。彼は、ディルタイの解釈学の影響を受け、1950年に『解釈学の問題』を著した。彼によれば「解釈者がテキストにおいて語られている事柄に対して関心を抱いていることが理解の前提」であり*11、聖書の実存論的解釈を提唱した。この解釈が「非神話化 (Entmythologisierung)」と呼ばれるものである。彼は、新約聖書には「史的な (historisch)」

ものと神話的なものが併存し*12、特に神話的なものは、ユダヤ教的黙示文学やグノーシス主義者たちの救済神話などの影響を受けていて、合理的認識を持ち合わせた現代人には、受け入れがたい内容を多く含んでいると考えている。例えば、新約聖書の世界像によれば、世界は、天界、大地、下界の三階層からなっていると言う。天界には神と天使、下界にはサタンが存在し、人間のいる大地にそれらが介入してくるので、超自然的現象や奇跡が生じることもまれではないと言う*13。ブルトマンは、このような聖書の内容を、神話としてそのまま受容するのではなく、神話的なものを「実存論的に解釈する(existential interpretieren)」、つまり、非神話化することが必要であると主張した*14。

　彼の聖書観を理解する際に重要なことは、実存論的解釈ということである。ヤスパースと異なり、神話が解釈されるべきであるとブルトマンが主張する理由は、おそらく神話自体だけではなく、神話と読み手との間に生じる関係に注目し、そこに意義を見出したからに違いない。つまり、解釈という作業によって、テキストが神話の成立した時代と場所を越えて読み手に働きかけ、読み手も単なるテキストではなく、自分にとってかけがえのない価値あるものとして、テキストの言葉が響いてくることをブルトマンは意図していたのであろう。つまり、聖書は読み手に対して、単なる古典的価値や教養を身につける教材ではなく、人生の決断を迫るものとして時空を越えて立ち現れるものなのである。

　ブルトマンは、聖書を翻訳可能なものであり*15、知的犠牲を伴なわなくとも理解可能なものとして位置づけている。しかし、彼のこのような立場を突き詰めていくと、人間の有限な認識の枠内に、聖書が証する無限な神の啓示の意味を押し込め、結果的にゆがめてしまう恐れがある。本来的に、言葉の解釈は、その本質的意味を変形せざるを得ないものである。新約聖書を非神話化し、非合理的出来事を現代人に理解可能なように解釈すること自体が、ブルトマンの本来の目的ではない。しかし、解釈の過程のうちに非合理的でありながらも重要な言葉の意味が削ぎ落とされることは避けられないであろう。それ故、ヤスパースは解釈を否定したのであろう。聖

書を神話のままとどめ、暗号として直観的に受けとめるか、それとも非神話化して理解するか、どちらにしても、知の限界線を越えた領域に自己が踏み込めるか否か、という決断抜きには判断できない問題である。

　両者とも、聖書を神話として捉えている点は共通しているが、神話としての聖書を解釈するか否かが異なる。ヤスパースは、神話は暗号の一種であり、暗号はあくまで直観を通して把握されるべきであり、新たな概念によって意味づけ、つまり解釈されるべきものではないと考えている。一方、ブルトマンは、現代人にとって非合理的記述の多い聖書は、そのまま読まれるのではなく、過去から現在そして未来を通してどのような意味をもっているのか、つまり、聖書の言葉の持つ歴史性を踏まえて解釈されるべきだと考えている。

　聖書を暗号とみなすヤスパースの立場は、次のことを意味する。つまり、暗号は、彼によれば超越者の言葉であり、この世のすべての存在が暗号となる可能性があるので、批判的に対象を考察する前に、直観的に超越者の言葉とみなす前提を内包していることになる。他方、解釈の余地を認めるブルトマンの立場は、キリスト教を知識や教養として習得するにとどまる場合もあり得る。そこで、キリスト教が自分にとって意味あるものとなるためには、解釈や理解のレベルから自己意識、すなわち信仰の段階がさらに議論されなければならない。この点については、次章で述べることにしたい。

　これまでブルトマンとヤスパースが聖書をどのように位置づけているかを説明したが、次に聖書に登場するイエスを両者がどう捉えているかを、ヤスパースの暗号論と合わせて説明することにしたい。これは、キリスト教教育において根本的な問題である。何故なら、神と人間の関係や啓示をどのように理解するか、という課題を含んでいるからである。

2．ヤスパースのイエス論 ――暗号としてのイエス――

　ヤスパースは、イエスを基本的に次の二つの点から捉えている。第一に、イエスは救世主（キリスト）である、と言った、神であり、同時に人間である存在と見なされない点である[16]。第二に、イエスは、人間が神を信じることの最も見本となる姿を私たちに表している点である[17]。第一点に関して、ヤスパースは、イエスの立場を他のユダヤ教の預言者たちと比較して、なんら独創的でも固有でもない一人のユダヤ教継承者、と見なしている。この点は、イエスを神の絶対的啓示とみるキリスト教の立場と明確に異なっている。第二点に関して、ヤスパースは、イエスを人間として捉え、人間のこの世的現実を受容し、神に信頼する姿をイエスの中に見ている。

　特に、彼のイエス論の特徴が現れているのは第二点であろう。ヤスパースは、著書『イエス』の第三章でイエスの人格の中心的要素を「苦悩 (Leiden)」[18]から説明している。これは、言うまでもなく、十字架上のイエスの叫び、「わが神、わが神、なぜわたしをお見捨てになったのですか。」（マタイによる福音書27章46節）に表されている。この叫びは、人間のみならず、神にまで見放されたという「極限的なこと (das Äussersten)」[19]である。ヤスパースは、詩編22編に同時に触れながら、このような苦悩が信仰の転換点になると考えている。

　ヤスパースの言う、苦悩から信仰への転換点において重要なことは、まず、イエスが苦悩をごまかすことなく真正面からそれに立ち向かった点である。彼は、自らが十字架に架かることを知りながら、それから逃げようとはしなかった。彼が、「苦悩に誠実」であったことは、「歴史的に唯一的なこと」[20]だとヤスパースは述べている。また、苦悩から信仰へ至る最後の段階に、彼は先人達の神信仰に注目している[21]。彼は、イエスの十字架上の苦悩を信仰の契機としながらも、最終的に旧約聖書の預言者たちの信仰を重視していると考えられる。その結果、イエスの十字架上の苦悩は、ユ

ダヤ教の伝統の中に還元され、キリスト教のもつ十字架の意味（神の愛）は生まれてこないことになるのである。

このように、ヤスパースはイエスの苦悩がイエスの信仰の契機となっていると考えているが、さらに信仰の本質は自由であるとしている[22]。この信仰を考察する際に注目すべきことは、世界と人間との関わりである。ヤスパースは、人間を「世界―内―存在（Selbstsein in der Welt）」[23]と捉えている。人間は、時間と空間の場（世界）に拘束される有限な存在である。一方、人間は有限な存在でありながらも、それを超越した存在者との関係を構築することによって、世界を越えた意識[24]をもつことができる存在、すなわち「可能的実存」[25]なのである。その意識は、自分のこの世に縛られた意識を否定することなく、「包み越えて」、なおかつ自己を自由にするものである。それによって、自己は本来あるべき自分を獲得するのである[26]。

世界の中に存在しながらも、人間が世界から自由であることができるのは、ただ世界を越えた神を信仰する時のみである。ヤスパースは、イエスにおいてもこの考えを適用している。

> 人間イエスは世界の中にあり、時間的な存在者として世界のものにかかわりあっているが、しかし、彼はもはや世界的でない深い根拠にうたれているのであるから、彼は世界のことに動かされることはない。彼は、世界の中にありながら世界を越え出ている。彼の生活が世界のことに没頭している場合でも、彼は、（略）どこかで世界とは独立でありつづけるのである[27]。

世の中から自由であるイエスは、この世にとっては、「例外者（die Ausnahme）」として存在している[28]。例外者イエスは、それ故、この世の秩序からはみ出している弱者（病人・売春婦・盗賊など）との接触の機会が開かれることになるのである。

人間が自由になるということは、世界を否定することではなく、世界の中にいながら、自分を世界の側から規定するのではなく、世界を越えた神

の側から見ることを意味している。その際、自由な人間は、世界の側からは例外者として映るのである。反対に、神の側から自分を見るということは、神の存在を前提とし、神を自己存在の根拠に置くことである。このような自己の存在規定は、世界内の認識能力では不可能であり、世界を超越した領域で行われざるを得ない。認識能力を越えた存在規定は、信仰によってのみ行われるのである。このように、ヤスパースにおいて信仰は、自己存在の規定を世界を超越した視点から行う際に必要な「絶対的自己意識」であり、これが源となって自由がこの世において実現され得るのである。

また、ヤスパースにとってイエスは、神を信仰し、ユダヤ教の伝統を守り抜いた偉大な人物であり、我々に超越者との関係を形成し、「本来的自己(das eigentliche Selbst)」[*29]となるための見本を示した人物である。また、イエスは、暗号として超越者と我々との関係を「仲介する者(Mittler)」[*30]である。

ヤスパースは、著書『啓示に面しての哲学的信仰』の中で、「人間としてのイエスは、人間存在の一つの暗号である。」[*31]と述べている。ここで、暗号としてのイエスの意味を問う前に、彼が暗号をどんな意味で使用しているのか一旦整理しておこう。彼は多くの著作の中で暗号の特徴を述べているが、まとめてみると次の三つになるであろう。

①暗号は非対象的であり、認識不可能である[*32]。
②暗号は多義的である[*33]。
③暗号は超越者の言葉である[*34]。

第一の特徴に関して、暗号が非対象的である、と言う意味は、ヤスパース自身、象徴が他者の対象化を行い、迷信化を結果的に導くこと懸念していた点を念頭において考えねばならない。確かに人間の認識の対象とならないものは、暗号としてすらも存在しない。ヤスパースは、暗号の非対象性や認識不可能性を述べ、他方で暗号はこの世の一切の存在、すなわち認

識の対象となるもの、実在性があるものすべてであるとも述べている*35。彼の一見、整合性のないこの言及は、暗号によって指し示す「存在そのもの」がいかに人間の認識を越えたところに位置し、人間がそれを把握しがたいかを物語っているとも言えよう。彼が、非対象的であると言う意味は、暗号が常に固定化された形式をもって表現されないことである。つまり、我々にとって、暗号によって示される存在は、すべて「浮動 (Schwebe)」*36 に満ちたものとなり、認識不可能となるのである。その浮動性に伴って、暗号の第二の特徴が導き出されるのである。

このように、ヤスパースが暗号の多義的性格を主張しなければならなかった背景には、彼がある対象を一義的に認識する際のドグマ的傾向を感じとっていたことが考えられる。つまり、ある存在を表す形式が一義的であれば、それ以外の形式は排除され、定まった意味が普遍妥当的に広められる可能性がある。例えば、存在の意味を規定する主体が何らかの権力をもつ場合には、他の可能性は抑圧されてしまう。具体的に、教会の神に関する様々な教義を、ヤスパースは想定していたのである*37。彼は、暗号の多義的性格を次のように述べている。

　　暗号とは超越者の現実性の言葉であって、超越者そのものではない。
　　暗号は多義的であって普遍妥当的ではない*38。

彼は、このような多義的な暗号によって表されるものは、超越者であると述べている。この意味をさらに、暗号の第三の特徴を説明することで明らかにしていきたい。彼によると、超越者は、「存在 (das Sein)」、「本来的現実性 (die eigentliche Wirklichkeit)」、「神性 (Gottheit)」、「神 (Gott)」など様々な名称をもっていると言う*39。

このような超越者は、我々と一義的な関係で捉えることはできず、常に多義的な他者であり続ける。しかし、もしこの他者が何らかの形で把握されなければ、私達は他者の存在そのものすら気づくことができない。つまり、本来認識不可能な超越者である他者が、認識可能な領域に下りてこな

ければならないのである。ヤスパースによれば、超越者はその推測の材料を我々に「贈る (geben)」のである[*40]。「贈られた」材料は、世界の中で「聴取可能な」ものとして存在する[*41]。それが、彼の言う「言葉 (Sprache)」である。暗号は超越者の言葉であるが、それは言葉である以上、超越者そのものではない。

　聖書の解釈に否定的態度をとるヤスパースは、イエスを聖書の記述どおりに神と見なすことには反対であった。彼は、イエスを人間と神の仲介者と位置づけ、神そのものではなく、暗号とみなしたのである。しかし、ある事柄や人物を暗号とみなすことには、必然的に解釈が伴うのではないだろうか。彼が解釈を否定する段階は、すでに暗号とみなされた後の時点なのである。確かに、存在の対象化や客観化によって、その意味の広がりを限定する解釈と言う思考作業の問題を指摘した点で、ヤスパースは正しかった。しかし、ある存在を暗号とみなすこともまた直観だけではなく、暗号という概念を用いざるを得ない。イエスを神の啓示とみなすか、それとも暗号とみなすか、つまり、イエスをどうみなすかは、認識の問題ではなく意志や判断の問題なのである。

3．ブルトマンのイエス論　——人間観と神観を通して——

　ブルトマンがイエスをどのように位置づけていたかを知るためには、彼の人間と神の存在理解が重要な鍵になる。ブルトマンにとって、イエスが何者であり、どんな行為を実際に行ったか、という従来のイエス伝研究は、重要な課題ではなく、むしろ、ケリュグマのキリスト（信仰者によって伝えられた救世主）の伝承をいかに解釈すべきかが大切であった。イエスの復活の科学的根拠を解明したり、奇跡の合理性を証明することは、彼にとって無意味であった[*42]。客観的事実を確認することは、あくまでイエスを史的に観察することであり、イエスを神の言葉という出来事として聞く態度ではないからである。彼はイエスと「歴史的 (geschichtlich)」に対話する態度を

とって著書『イエス』を書いた。ここに描かれているイエスは、従来と異なり、福音書のモチィーフを手がかりに様式別に分類した、いわゆる「様式史」研究の成果であることは周知の通りである。イエスは、そこにおいて、史的イエスではなく、信仰の対象としてのキリストである。ブルトマンはケリュグマのキリストと史的イエスの連続性と非連続性を解釈学的に止揚する必要性を説いた。つまり、私にとってケリュグマのキリストはどんな意義をもつのか、という問いが大切なのであり、それはすなわち、歴史において神が自分とどう関わるかという、極めて実存的問いなのである。

　ブルトマンの人間観は、基本的に初期のハイデッガー哲学の影響が強いと考えられる[*43]。彼は人間を〈現存在 (Dasein)〉、〈世界―内―存在 (In-der-Welt-sein)〉であり、自由で責任をもった存在であり、そして本来的には信仰の下にある存在と考えている[*44]。

　〈現存在〉は、ヤスパースの包越者の一形態である現存在と意味が異なるので注意を要する。ヤスパースの現存在は、自分が何ものであるかを十分自覚しない、ある意味では動物と同様の生命体としての、生と死という始めと終わりをもつ存在である[*45]。しかし、〈現存在〉はハイデッガーが『存在と時間』の中で用いた用語であり[*46]、存在の意味を問うことのできる私自身を示している。〈現存在〉は、それ故、単なる生命体ではなく、自らの存在の意味を問うことのできる存在者であり、むしろ、ヤスパースの実存の概念に近い。また、〈現存在〉としての人間は、従来の主観・客観図式では捉えられない。人間は、〈世界―内―存在〉として他者と自己とが、相互に主体的に存在し、実存として出会うのである[*47]。

　さらに、人間は自己自身を越える存在であり、現実の自分を超越し、その意味では自由な存在である[*48]。自己を超越するには、現在おかれた自己を過去と未来のつながりの中で規定することが必要となる。それは、過去を自分と無関係な客体として対象化せず、自分との関わりの中で捉え、未来に自分の可能性を見出すこと (実存論的時間解釈) といえよう。つまり、歴史的に自己を意識することが大切なのである。自由な存在として自己を理解するには、実存の可能性に自己を投げ入れることがなければならない。

自己を投げ入れる、即ち「企投性 (Entwurf-Charakter)」とは、自己が将来の可能性に向かって投げ出されていることを意味する[49]。また、「本来性 (Eigentlichkeit)」をもった人間[50]は、「信仰の下にある」のであり、それをもたない人間は、「信仰の外にある」のである、とブルトマンは考えている[51]。本来性と信仰の密接な関係は、ブルトマンの人間理解が、神との関係抜きに語ることができないことを示している。本来性とは、自己の可能性が実現した姿であると考えられよう。可能性が何を意味するか、ハイデッガー哲学を越えたところにブルトマンは答えを見出さねばならなかった。ブルトマンの場合、ヤスパースのような自由な存在 (実存) にとどまらず、神の前に立ち、神に服従することによって逆説的に自由になる、と言うキリスト教的自由の概念が中心であると考えられる。ブルトマンの言う「決断 (Entschluss)」は、単なる理性的判断を越えて、神に全存在をゆだねると言う、服従の意志と言える。反対にヤスパースには、服従という人間の態度は見られない。

また、ブルトマンの神観は、自由主義神学に対抗して登場してきた弁証法神学、さらにキルケゴールの思想が影響していると考えられる。自由主義神学は、ヘーゲル哲学の影響を受けた聖書の歴史的批判や、カントの倫理学を積極的に用い、人間から神の方向性をもった神学であった。反対に弁証法神学は、神の言葉や啓示を神学の中心に置いている。このように自由主義神学の人間中心的神観をまず否定することから、弁証法神学が出発したのであるが、ブルトマンにおいても、神は「人間の否定」、「人間の疑問視」、「人間のさばき」という視点から問われている[52]。彼は、神を存在する一つの対象物として思考するのではなく、神は人間にとって何を意味するのか、という問いを立てることが重要なのである、と考えている[53]。

一方、イエスにとって神はどんな存在であったか、というブルトマンの問いも興味深い。彼によれば、神はイエスにとって相対立する概念を兼ね備えた存在として考えられていると言う。例えば、神は人間の思惟や行為にゆだねられるような世界には属さない「遠い神」[54]であり、なおかつ世界

第Ⅱ部　ヤスパースと三人の神学者たち

を創造し、支配する「近い神」*55でもあると言うものである。また、神は人間に今ここで出会うような「現在の神」であり、かつ、今人間に自由を与え、将来人間の前に立つ「将来の神」*56でもある。このような時間と空間を超越する神観念は、ブルトマンの歴史認識や聖書解釈にも随所に表れている*57。

　他方、ブルトマンの神についての問いは、神の一般的定義を求めるものではなく、「人間にとって」に限らず、私にとって何を意味するのか、と言う常に自分と神との個別的で人格的な関係の中で立てられる問いである点に特徴がある。神の存在の有無を科学的・実証的に根拠づけるのではなく、言わば、主観的に、実存的に問うことによって際立たせ、神のリアリティーを感得する道をブルトマンは選択しているとも言える。その際重要なことは、問いに対する答えではなく、判断であり、自分の全存在をかけた判断、つまり、決断とそれに伴う自らの態度である。神のリアリティーに関して彼の次の言及は注目すべきである。

　　もし人間が自分の決断のまったき自由の中にその固有の本質をもつ者として把握せず、またその意志の決断と服従によって神との交わりを獲得できる者として把握しないならば、そのときには神自身が消え去ってしまうであろう*58。

　このように、ブルトマンの神観は、自由主義神学の人間中心的神観とは異なる形で、私と神との関係を重視した主体的神観とも言えるのである。
　聖書解釈の可能性を前提とするブルトマンにとって、イエスの存在も私にとってどのような存在か、という問いの中でこそ意味をもってくるものであった。彼は、人間を神にすべてをゆだねる服従の意志によって、逆説的に自由な存在となると考えた。神の存在もまた、自己の主体的問いかけの中でリアリティーをもち得ると言う。このように、ブルトマンの聖書理解は、対象を冷徹に分析する態度と言うよりは、むしろ主体的に対象と格闘する態度と言えよう。

4．聖書理解と教育

　さて、ブルトマンとヤスパースの異なる聖書理解から得られる事柄を教育の視点からまとめてみたい。まず、聖書の言葉が単なる情報や知識の集積として自己に観察されるものではなく、また客観的事実として解明される対象でもないという点を、両者とも強調していることが重要である。ヤスパースは、暗号という言葉を用いて、読み手である自己と神との接点を表現しようとした。ブルトマンは、実存的問いかけと決断によって神と自己の関係を捉えた。どちらとも、自分にとってどのような意味があるのか、と言う主体的問題意識が、聖書理解の要となっている点に注目したい。この問題意識は、教育学的用語を用いるならば学習過程の「動機づけ」とも言える。日常生活の中で、自分の命や人生に何の疑問ももたなければ、このような動機づけとも無縁である。しかし、高度な科学技術による生命倫理の崩壊の危機に直面する現在、我々は日常を越えたところに生きる指針を捜している。哲学や宗教、人生論のブームはその傾向を顕著に表している。主体的問題意識の動機づけ、換言すると「覚醒」の機会は、現在、家庭や学校、地域社会のいたるところで見出されるはずである。

　次に問題となることは、主体的問題意識をどのようにすれば普遍性をもった真理との連関を感じとる意識、つまり信仰にまで育てることができるか、である。この課題は、次章でヤスパースとティリッヒの比較の中でさらに議論していきたい。

〈註（第3章）〉

1. DphG, S. 75
2. CT, S. 63, PGO, S. 494
3. ツァールント、pp. 96-100
4. PhIII, S. 131
5. ibid., S. 132
6. ibid., p. 149
7. ibid., S. 132　cf. 真理が何であるか、は彼にとって大きな課題であり、著書『真理について』（VdW）で包越者論を通して独自の真理論を展開している。
8. FE, S. 42, jp. 24, S. 89, jpp. 95-96
9. ibid., pp. 24-25
10. ibid. S. 42 p. 24
11. 笠井恵二著『ブルトマン』清水書院　1995年 p. 147
12. ブルトマン著『新約聖書と神話論』（山岡喜久男訳注）新教出版社 1954年 p. 77
13. ibid., pp. 27-29
14. ibid., pp. 30-31, cf. バルトは現代人にとって、聖書を理解する基準が不明であり、「神話」という概念が狭く形式的であり、これによってキリストの出来事を正しく語ることができない、とブルトマンの非神話化を批判している。(笠井、pp. 131-132)
15. FE, S. 89, jp. 96
16. ヤスパースはイエスのことを「神人キリストではない」と明言している。
    cf. PGO, S. 500
17. GP, S. 204
18. ibid., S. 206
19. ibid., S. 207
20. ibid.
21. ibid.
22. ibid., S. 204
23. PhII, S. 48
24. cf.「絶対的意識 (das absolute Bewusstsein)」, ibid., S. 260
25. ibid., S. 2
26. VdW S. 76-77
27. GP, S. 204
28. ibid., S. 205,「例外者」の概念にはキルケゴールの影響が強い。
    cf. VuE, S. 31
29. PhII, S. 49

30. PhIII, S. 13
31. PGO, S. 501
32. VdW, S. 1033, cf. CT S. 29, 50,
33. PGO, S. 430
34. PhIII, S. 136
35. EX, S. 76
36. PhIII, S. 162
37. ヤスパースは「哲学的信仰と啓示信仰とは出会いうるか」という問いを立て、暗号と啓示を比較し、それらのもつ影響力を個人と教会の図式の中で展開している。そして、教会と教義学の力の大きさを認め、かつその危険性を指摘した。哲学がその危険性を回避する意義を強調している。つまり、それは、「哲学の理性が教会の信仰的思惟へと浸透し、そして信仰的思惟自体が、万人にとって信ずるに足るようになり、知的人間集団とその中の各単独者が、彼らの人間的本質からの内的同意を見出し、生きざまへの衝動と決意とを獲得する場所となるようにである。」(PGO, S. 529)
38. PGO, S. 430, cf. PGO, S. 432
39. VdW, S. 111
40. Ein, S. 51, cf. PhIII S. 137,
41. VdW, S. 1033
42. ブルトマン著『イエス』(川端・八木共訳) 未来社 1963 年 p. 180
43. 熊澤義宣著『ブルトマン』日本基督教団出版局 1987 年 p. 127 ff.
    笠井、p. 46
44. 熊澤、p. 129
45. VdW, S. 54-55
46. ハイデッガー著『存在と時間』(細谷貞雄訳)ちくま学芸文庫 1995 年　p. 108
    現存在の性格をハイデッガーは次のように説明している。
    「この存在者(我々自身)の存在は、そのつど私の存在である。」
47. 熊澤、p. 131
48. cf.「現存在はいつもすでに自己をこえて (über sich hinaus) いる。」
    (*Sein und Zeit*, S. 192)
49. Rudolf Bultmann: *Glauben und Verstehen*, Gesammelte Aufsätze III, Tübingen, J.C.B. Mohr, 1960, S. 147 ff., *Glauben und Verstehen*, Gesammelte Aufsätze I Tübingen, J.C.B. Mohr, 1958, S. 118
    cf. 例えば、ハイデッガーの「死への存在 (Sein zum Tode)」としての自己理解も投げ出された自己の一例である。
50. cf. ブルトマンにおいても「本来性をもった人間」は実存を意味する。「人間の実存の意味は、神の前に決断しつつ立つこと、神の意味の要請の前に置かれて

いることである。」(ブルトマン (1963)、p. 104)
51．ブルトマン (1954)、pp. 50-58
52．笠井、p. 42
53．ibid.
54．ブルトマン (1963)、p. 153
55．ibid., p. 199
56．ibid, p. 143
57．ブルトマン (1954)、p. 80、ブルトマン (1963)、p. 54
58．ブルトマン (1963)、p. 157

第4章 ティリッヒとヤスパース
―――信仰をめぐる対話―――

　ティリッヒとヤスパースは、神と自己との関係において神からの一方的な働きかけのみならず、人間の側から神へどのように近づき得るかという視点から信仰の在り方を考えた。信仰をもっている者にとって、神からの働きかけは自明であろうが、信仰をもたない者にとっては、人間からの方がより自然であろう。これから、ティリッヒとヤスパースが信仰をもつことと、もたないことをどのように考え、彼らの哲学や神学の中で位置づけていたのかを確認し、さらに、神と自己との連関形成の方法論について説明する。

１．信仰と不信仰の転換点

　まず、信仰の概念についてヤスパースとティリッヒの基本的考えを概観する。
　ヤスパースは、著書の中で信仰を多様に表現しているが、簡潔にまとめると、信仰とは、超越者の中に自分の存在の「根拠をもつこと (Gründung)」である、と言える[*1]。信仰の概念が存在論の文脈で語られるのは、彼の哲学が、カントを経てドイツ観念論のテーマである、絶対者と自己の認識の問題と深く関わっているためと考えられる。彼によると、超越者とは、人間の認識における主体と客体の分裂を含みながらも、それを越えたところにいる存在、すなわち「一者 (das Eine)」[*2]である。そして人間の存在は、一人の自己として超越者に支えられている。しかし、超越者は、単に存在の根拠として静止した起点のように存在している象徴ではない。認識論的に

は、直接把握不可能であるが、ヤスパースは、間接的に超越者が自己と関わり、自己の生を豊かにし導くことを次のように表現している。「彼（超越者）は私を導き（Führung）*3、私を充実（Erfüllung）させる*4。私は彼を信頼（Vertrauen）し*5、自らの存在を確信する（Seinsgewissheit）」*6。

超越者が認識不可能であることは、主客分裂を超越した存在、つまり、客観性によって保証されない「浮遊した」*7存在であることを意味している。この点は、キリスト教信仰の啓示（イエス・キリスト）と異なり、固定化されない存在によって自己が支えられ得ると言うことを意味している。このようなヤスパースの信仰概念は、啓示信仰の立場をとるバルトをはじめ、多くの神学者たちから批判を浴びることとなった。ヤスパースの信仰概念が、極めて両義的で緊張を伴う自己意識として表現されている理由は様々考えられるが、絶対的存在や神、超越者と言う人間存在の根拠を認識の対象として扱うことを拒否することで、有限なものを無限と見なし、それを絶対化する「迷信（Aberglaube）」を回避する意図がヤスパースにあったと考えられる。

つまり、ヤスパースの信仰概念は、自己の存在の根拠を探求する中で導出されるものであり、存在論と認識論を軸とした哲学者の信仰である。

さて、ティリッヒ神学において、信仰概念を理解するキーワードとして「勇気（courage）」と「新しき存在（the New Being）」、「受容（acceptance）」をあげてみたい。これらは個別に独立しているのではなく、相互に関わり合い、ティリッヒ神学の信仰の特徴を示していると考えられる。まず、勇気とは、危険を冒す、誤る可能性を引き受ける、つまり「冒険（risk）」を引き受けることであり*8、「自分の全存在（whole of one's being）」*9を賭けている状態である。ティリッヒが勇気に言及する理由の一つは、彼の神学が、理性をくぐり抜けた信仰の意義を説いているように、人間の神認識の限界と過ちと言う現実的要素を削除せず、方法論的に人間の理性を出発点とした信仰への飛躍を試みているためであろう。周知の通り、これはバルトによって批判されることになるが、ティリッヒ独自の神学的方法である「相関

的方法（the Method of Correlation）」[*10]として結実するのである。

　また、信仰は、主体的に決断を下している行為のように思われるが、その内部に受動的かつ能動的である二重の構造をもっていると考えられる。信仰の受動的側面は、「究極的関心（ultimate concern）」によって「捉えられている（grasped）」と言う点である。究極的関心は、彼によれば「キリストとしてのイエスにおいて現れた新しき存在」[*11]である。「新しき存在（the New Being）」とは、ティリッヒ特有の啓示の表現であるとも言える。彼の神学が「存在論的神学」（土居真俊）[*12]と言われる所以である。新しき存在とは、哲学的に定義すれば、本質と実存の分裂が克服されている存在である[*13]。またそれは、「人格的生（personal life）」において我々に現れる[*14]。さらに、人格は、有限性を必然的に伴うものであるため、ヤスパース哲学において、本質と実存の分裂を克服した存在に対して用いることが厳密に避けられている。しかし、ティリッヒは、そのような存在が、イエスと言う人格をとることを肯定している。それは、新しき存在がいかなる有限な形式からも自由な力をもっているからに他ならない[*15]。これに関してティリッヒは次のように述べている。

　　「キリスト」とは新しき存在の最終的発現に対してキリスト教が与えた名称である[*16]。

　つまり、信仰の受動的側面は、このような新しき存在によって捉えられている状態であるといえる。
　一方、そのような状態の中にある自己は、実際に罪ある存在であり、神の意志に反する行いをし、その結果、疎外と絶望の中にある存在である。このような自己が、他者、すなわち神によって受容されていることを認める[*17]には、論理を越えた「……にもかかわらず」という要素がなければならない[*18]。この受容された状態を受容することが、信仰の能動的側面である。それは、換言すると、信仰における勇気の要素と言うこともできる。また、ティリッヒは、

　　　　信仰は受ける働きであって、この働きそのものが恵みの賜物である[19]。

とも述べている。これは、受容が信仰の能動的側面として人間の主体的行為のみに留まるのではなく、究極的に神の恵みの働きであることを意味している。つまり、信仰は、最初から人間の意識の中にあるものではなく、神によって信じるようになると言うのである。ここにおいて注意すべきことは、悟性から理性、さらにその限界点を越えた先に信仰がある、と単純にティリッヒが考えていたのではない点である。人間の存在意識を発展させる以前に、神による霊的働きかけがあることを彼は決して看過しなかったのである[20]。

　次に不信仰概念について両者を比較したい。
　ヤスパースにとって、超越者は、具体的に目に見える存在ではなく、非対象的存在である。この非対象的なるものを信頼し、自らの存在を根拠づけるものと見なすことは、一般的に困難である。それ故、自己の存在基盤が揺るがされ、不安にさいなまれる時、対象的なもの、つまり、目にみえるもの、有限な存在を絶対化する傾向をもつのである。ヤスパースがあげている不信仰の例は、「魔神論 (Dämonologie)」[21]、「人間の神格化 (Menschenvergötterung)」[22]、「ニヒリズム (Nihilismus)」[23]の三つである。魔神論とは、一種の存在論であり、様々な力（建設的・破壊的力）の中に存在そのものを直接確信する考えである。これらの力は、現実の世界の中で展開されるため、その中に神自身を見出すことは、神の超越性を認めないことを意味する。魔神論において、超越者は存在せず、従って人間の存在の根拠も失われているのである[24]。また、人間の神格化とは、ある人物を狂信的にあがめ、神格化することである[25]。ヤスパースは、それが生ずる理由として、人間にはある完成された人間、自分がそうありたいと思っていても、実際には不可能な人間を見てみたいと言う内的傾向があるため、と述べている[26]。人間の神格化もまた魔神論の一様式である。何故なら、そこ

において、この世の有限な人間が、本来世界を超越している無限な神と同一視されるからである。このように、魔神論と人間の神格化は、不信仰が有限な存在を絶対化することとして考えることができる。

　一方、不信仰は有限な存在の絶対化と正反対の現れ方をすることもある。それは、神に対するすべての否定を意味するニヒリズムである。つまり、神の存在の否定、神と人間との関係の否定、さらに神への義務の否定[27]である。しかし、例えば、ニーチェのニヒリズムは、小田垣によれば「西欧的形而上学の中に捉えられたキリスト教の神」[28]の否定であり、本来的な神の否定を意味していないと言われている。ヤスパースのニヒリズムも、対象と非対象と言う認識の枠組みにおける存在の否定として生じているため、この二元論を越えた絶対的存在の希求と言う性格を残していると言える。何故なら、ニヒリズムはヤスパース自身が指摘するように、それのみに留まることは困難であり、二元論を超越できない場合、魔神論や人間の神格化に逃げ道を捜すからである[29]。つまり、ヤスパースにおいて不信仰は、超越を認めない世界内での絶対者の確信、または否定として現れるのである。

　ティリッヒ神学における不信仰の概念は、単なる信仰の否定ではなく、近代人の人間存在の特徴と呼応しながら導出されている。すなわち、人間が、現実の存在としての実存として捉えられ、その状態をティリッヒは「疎外(estrangement)」と考えている[30]。さらに、彼は、疎外とは、人間が人間によってあたかも「対象物(object)」のように取り扱われることであり、「破壊の構造(structures of self-destruction)」、「悪の源泉(basic sources of evil)」であると述べている[31]。彼は、疎外と罪の概念を単純に同一視していないが、罪の解釈として疎外という言葉を用いている[32]。疎外にはいくつかの特徴があり、彼は、不信仰(unbelief)、強欲(concupiscentia)、ヒュブリス(Hubris)の三つをあげている[33]。不信仰は、疎外の特徴の一つである。この疎外が、神に向けられると不信仰となる。つまり、不信仰は、神からの疎外であり、神の意志からの人間の意志の「分離(separation)」である[34]。

この場合、疎外されている、と言う受動的状態ではなく、自ら離れていくと言う能動的行為と解釈できる。何故なら、彼が指摘しているように、不信仰は、信仰と同様に、「全人格の行為 (act of the total personality)」であるからである*35。全人格的行為とは、換言すると「実存的自己実現(existential self-realization)」である*36。それは、自由な自己となることを目標とした知識、感情、意志、すべての要素を含んだ実際の行為である。「全人格的」とは、ティリッヒの場合、自分のすべての存在を賭けたことを意味している。不信仰が全人格的行為であると言うことは、すなわち神を否定することや神の存在の有無を問うことではなく、自分自身に向かう行為なのである*37。また、このようなティリッヒの不信仰の概念は、神の存在そのものを否定するニヒリズムとも当然異なり、神からの分離や疎外という表現によって、逆説的に神の存在を前提にしていると言える。

　哲学と神学と言う異なる立場にもかかわらず、ヤスパースとティリッヒには、特に、不信仰の概念において共通点が見られる。それは、消極的というより、むしろ積極的側面として捉えられる。何故なら、それは、不信仰が信仰を準備する役割を担っていると考えられるからである。
　不信仰は、これまでの説明によると、信じない行為ではなく、逆説的に信じる行為や状態のことを意味することがわかる。しかし、信じる対象が何であるかが大きな問題である。不信仰の対象は、ヤスパースにおいて、有限な対象、または有限化された対象である。例えば、それは、神格化された人間であり、ドグマによって固定化された神でもあり得る*38。また、ニヒリズムは、神の存在と人間との関係の全面的否定にもかかわらず、否定される神の存在が前提として不可欠であるために、絶対的存在を求める性格を残している。ティリッヒにおける神からの分離や疎外もまた、罪を自覚する判断材料を人間に提供することとなり、結果的に「……にもかかわらず」と言う逆説を通して、信仰にいたる道を準備しているのである。さらに、ヤスパースによると不信仰は信仰の「対極 (Pole)」に位置し*39、信仰へと刺激する「刺 (Stachel)」*40であり、それはすでに「可能的な信仰

(möglicher Glaube)」である*41 と述べている。ティリッヒは、不信仰を信仰と同様に全人格の行為であり、「全存在において神に背を向ける行為ないし状態」*42 であると述べた。彼において、不信仰は、自己の存在すべてをかけた行為であり、行為の向かう方向は逆であっても、そのあり方は信仰と同じであることがわかる。この点において、ヤスパースの信仰の対極としての不信仰と共通していると言える。

両者にとって、信仰と不信仰は自分の全存在を賭けた行為である、と言う点では共通している。これは、確かに人間の生の在り方としては積極的な状態であると言えよう。しかし、問題は、その行為の方向が信仰と正反対な点である。

もし、不信仰がこのように神の方に向かないと言う意味で、方向性の喪失と神からの分離と性格づけられるとすれば、反対に、信仰は、方向性の獲得と神との関係性の回復と表現できるであろう。不信仰が信仰へ転換するには、生の方向性を示してくれる他者が不可欠なのである。仮に、その方向性が、ヤスパースの不信仰概念が示すように有限なものであるなら、本人は熱心に信仰しているつもりでも、全く逆に、不信仰に陥っていることになりかねない危険が生じる。そこで、生の正しい方向性を示す信頼できる他者の存在が、信仰への転換の契機となる。この「正しい方向性」という表現は、それ自体極めて恣意的であり、それが絶対化される時点で、「正しくない方向性」へと転換する危険がある。何をもって正しい・正しくないを判断するのか、その客観的基準を措定することは実際にできない。それは、同時に、両者の転換点を客観的に判断することはできないことを意味している。ティリッヒが、冒険を引き受ける勇気を信仰の基本的要素に置いている理由の一つは、この「正しさ」の客観性が保証できないからと考えられる。

このように、信仰と不信仰はその転換点が曖昧であり、それはすなわち、人間の生の曖昧さ、と同時に、信仰自体が不信仰を包み込んでいることを意味していると言えるであろう。それ故、信仰には常に「懐疑 (doubt)」*43 が含まれ、「疑惑(Zweifel)」*44 があるのである。有限なものを絶対化できな

ければ、無限なものに絶対的信頼を置くしかない。しかし、無限なものは目に見えない物であり、自己を支える客観的保証を与えてはくれない。その結果、人間は不安に陥り、不信仰へと流れるのである。このような信仰と不信仰の循環の中で、人間の生は方向性を捜している。

これまでの考察により、不信仰が信仰を準備する役割を担っている、と言う仮定は、ヤスパースの不信仰概念のもつ両極性や、ティリッヒの全人格的行為の二点を指摘することによって、ある程度論証された。しかし、依然として、転換点のもつ曖昧性は残されている。明確にされないことによる生の緊張と不安を、自己が引き受けるという実存哲学的特徴は、現代のプロテスタント神学を性格づける一つの要素でもあり、大なり小なり、個人に精神的な強さを求める傾向を作り出しているようにも思われる。

2．神と自己の連関形成の方法論

不信仰から信仰へ転換することは、換言すると、主体的に神と自己の間に何らかの関係を形成することを意味する。次に、この関係、即ち「連関(Bezug)」の形成について、ヤスパースとティリッヒが論じていることを説明し、それぞれ批判的考察を加えていきたい。

まず始めに、ヤスパースの場合である。彼は、連関形成の方法論として、「暗号解読」と「自分のものにすること（我有化）」をあげている。暗号は、先述したように、神の言葉、ヤスパース的表現では超越者の言葉である。それを解読するということは、単なる秘密を解き明かすのではない、特別な意味がある。暗号解読は、ある現存在の経験的認識ではなく、認識不可能な無限の超越者の言葉を「聴きとる」ことである。それ故、聴きとる側の自己が、暗号としての存在を、単に知覚的に把握するだけではなく、自己が「実存的になる」必要がある。「私が実存的に聾であると、対象の中に超越者の言語は聴かれ得ないのである。」[*45]また、暗号解読は、単なる対象の認識ではなく、自己の根源を賭けて摑みとる実存的行為[*46]と言うことが

できる。ヤスパースの次の言葉が、このことを示していると言える。

> わたくしたちの課題は、これらの暗号を独立した目的として学ぶと言うことではなくて、もしできるならば、それをその根源において<u>自分のものとする</u>ことです。ただし理論的な理解としてではないということは言うまでもありません。それは講壇上ではたされるものでもなければ、傾聴することによって果たされるものでもありません。そうではなくて、各々の個人がそれを実践しなければならないのです[*47]。
> （下線引用者）

もし連関の形成を暗号解読として捉えようとするならば、彼の言う「根源において自分のものとする (aneignen)」、つまり、暗号の我有化を避けて通ることができないであろう。（暗号の我有化の具体的方法に関しては、第2章4節ヤスパースの習得理論を参照のこと。）

しかし、自己と超越者の連関形成における人格性の役割を保ちつつ、なおかつ、この人格性が絶対化されないためには、暗号の多義性を見極める眼が必要であると考える。暗号は、超越者の言葉であるから、ある意味では、無限な内実と有限な形態の両方を備えていると言える。有限な形態のみを認識するだけではなく、無限な内実を見る眼とは、両者の違いを見通す理性にほかならない、と言うこともできる。理性とは、先述したように対象を限定し、固定的に理解するような悟性を含みながらも、それに留まらず、さらに普遍的意識をもってすべての存在を媒介し、その根源へと向かう統一的力である[*48]。また、暗号は超越者自身ではないのであるから、人格性を暗号と見なし、暗号としての人格性をいくら我有化しても超越者に直接到達することはあり得ない。それ故、自己には、暗号によって超越者の言葉を聴き取り、そのようにして存在の根源を確信する信仰が必要とされる。この信仰は、暗号が対象として認識不可能であるという挫折を前提としている。この挫折に留まることなく、斎藤によれば、超越者を根拠として生きることが実存であり、その意味で信仰は実存にとって不可欠で

ある[*49]。このように、人格性の概念は、理性と実存と不可分な関係にあると言える。そしてまた、人格性は、自己と超越者との連関形成に不可欠な概念となるのである。

　以上のような、暗号解読と我有化による連関形成の問題点は、暗号のもつ多義性や超越者の概念化不可能性が残ることによって、信仰の曖昧さが払拭しえないことである。それは、いくら人格性の概念を導入しても根本的には変わらない。しかし、人格性という暗号によって連関に道をつけ、その中を歩んで行く可能性は示されている。

3．宗教的象徴と教育の神学

　次に、ティリッヒにおける連関形成の方法論を、特に、彼の教育の神学における宗教的象徴の導入の観点から説明し、考察していくことにしたい。

　ティリッヒの連関形成の方法論は、彼の宗教教育理論の中に見ることができる。それは、著書『文化の神学』中の「教育の神学」に展開されている。そこでは、教会の中で子どもたちが、いかに自分や神の存在を自覚することができるかが論じられている。彼は、教育の神学に関して、具体的な既存の教会学校をキリスト教教育の場として捉えている。

　彼は、キリスト教教育における人文主義のもつ働きを、子どもがすでにもっている問題を自覚させることの中に見ている[*50]。つまり、自己や真理の存在に関わる問いを、子どもに気づかせることである。実際、日常生活の中では当たり前すぎて、存在自身に対する問いを発する機会は、ほとんどないと言ってよいであろう。しかし、教会の中には、十字架やキリスト教絵画、彫像などがあり、聖書や賛美歌、祈禱、儀式などを通して、子どもたちは宗教的象徴を経験することになる。それらの象徴は、神の存在そのものを直接現すものではないが、目に見えない神の存在を指し示す媒介であり、人間と神との交わりを可能にする形式である。しかし、神の存在を指し示す媒介は、教会内に限定されるものではない。古来、人間は、身

の回りの自然や遠い宇宙に至るまで、様々な現象を通じて神の存在を感じとってきた。宗教的象徴は、ティリッヒによると「無限なものを有限なものにまで引き下げ、また有限なものを無限なものへと引き上げる」[*51]ことのできる力があると言う。それは、宗教的象徴の基本的な二つのレベルを示している。つまり、それは、私たちと実在とが出会う内在的レベルであり、また経験可能な実在を越える超越的レベルである[*52]。象徴のもつこのような二つのレベルの移行を可能にする機能は、「霊(Spirit)」の働きによるものであると考えられる。彼によると、霊は、人間の精神のあらゆる次元に働き[*53]、主客分裂を克服するところにあり[*54]、存在に関わる包括的機能である[*55]。さらに、霊は、「霊的現臨(Spiritual presence)」として教会に限定されず、教会の外でも働くことができると言う[*56]。霊のもつ超越的働きは、盲目的信仰を促すものではなく、理性的認識や判断を保ち、合理性を破壊しない[*57]。

　これまでの説明から、確かにティリッヒは、一方で、宗教的象徴の働きを教会中心に取り扱っている。しかし、彼は他方で、霊の超越的働きが教会の外でも働き得ることを認めているため、宗教的象徴の存在し得る場が広がる可能性を示していると言えるであろう。

　また、宗教的象徴は、近代哲学の主観と客観の二元論的認識で説明困難な神の存在を表現するために、必然的に神秘性を保たざるを得ない。そこでティリッヒは、キリスト教教育を、このような宗教的象徴のもつ神秘性を深めるものと考えている[*58]。神秘性を深める方法として、彼は「導入(induction)」という言葉を用いている。それは、人間存在の神秘を開示し、秘義を全身的につかむこと[*59]であると言う。これは、教育学で一般的に言われている「動機づけ(motivation)」ではなく、また、「導入―指導―整理」と言った教授過程の一形式として捉えることはできない[*60]。教育学的な導入は、整備された学習環境の中で、学習者が学習目的を自覚し、それに対する興味と自らの意欲を示す段階と言える。しかし、ティリッヒの言う導入とは、学習者本人の自覚以前に霊の働く場に学習者が「参与(participation)」している状況をつくることと考えられる*61。つまり、ティリッヒ的導入において、学習者の自覚は大きな問題ではなく、学習目的が導入期に意識されていなくともよいと言うことになる。ここで重要なことは、学習目的の自覚ではなく霊の力の及ぶ場に参与することであり、キリスト教的表現で言えば、霊の力に「あずかる」ことである。霊の力とは、ティリッヒによれば、存在の力であり、人間の認識が及ばない神秘性をもったものである。換言すると、導入とは、神の存在に参与している自覚がない状態を保留しておくことであり、神秘性の保持といえる。それは、また、神の存在の概念化、つまり、解釈を伴わないことであり、わからないものをわからないまま受け入れることとも言える*62。それでは、ティリッヒは、神や人間の存在に関わる問いを子どもたちに促し、それに対して、明確な答えを保留したままでよいと言っているのであろうか。彼は、導入に際しての困難を、具体的に次のように述べている。

　　神、救い主、教会、罪、救い、神の国など(……)の用語は、彼ら(子どもたち)にむかって投げつけられた石のようなもので、早晩彼らはそれらの用語から逃げ去らねばならないのだ*63。

　このような困難は、洋の東西を問わず、子どもにとって共通のものであろう。その際、教師の役割は、ティリッヒによると、「象徴の力を破壊することなく概念的解釈に変成 (transform) すること」*64であるという。象徴の力とは、根源的に神の存在の力であり、神秘性を伴うものである。つまり、彼は、神秘性を保ちつつ解釈せよ、と言っているのである。しかし、果たしてそのようなことが可能なのであろうか*65。
　さて、神秘性を伴った解釈とは、教師の側が、導入と解釈を同時に行うことを意味する。山内は、ティリッヒの導入教育の意義を、宗教的象徴を媒介としながら、潜在意識のレベルで存在の秘義に向かって、子どもたちを解放することである*66、と述べている。しかし、潜在意識のレベルで解釈が行われることは、論理的には有り得ないことであるから、子どもの意

識において、教師側の象徴の解釈がどのように子どもに了解され、受容されるかが、さらに吟味されなければならないであろう。ティリッヒは、導入と解釈の関係を次のように表現している。

　　導入は解釈より先に起こるが、解釈はその導入を完成させる[*67]。

　導入的教育における存在に対する問いは、宗教的象徴に満ちた教会の中だけでなく、学校の教室内においても可能である。問題は、存在に対する答えがどのようにもたらされ得るか、である。ティリッヒは、人間の実存的状況における問いと宗教的象徴による答えと言う相関的方法を、組織神学の方法として用いている[*68]。それはまた、教育の神学においても同様である。彼によれば、答えはニーチェ、ハイデッガーやヤスパースのような実存哲学の分析によって得ることは不可能であると言う[*69]。本来、彼らもまた宗教的源泉に答えをもっているはずであり、最終的には、哲学ではなく信仰の事柄である、とティリッヒは考えている[*70]。
　彼の言うように、答えが宗教や信仰に求められると仮定するならば、問いを発した学習者が、宗教や信仰に無関係な状態のままでは答えを得ることが出来ないことになる。ティリッヒは、教育の神学において、教会学校を答えを見出す場に設定している。教会学校は、教会の内部にあり、宗教的象徴に満ちた、ある意味で恵まれた空間である。そこにおいて、宗教的象徴は啓示であり、信仰の中核を担うものである。しかし、教会を離れたところでは、宗教的象徴は単なる象徴や符号に成り下がる可能性もあり、また、疑問と批判の対象となり得る。ティリッヒの教育の神学は、教会中心の神学であるため、教会を離れたところで、宗教的象徴がどのように効力、すなわち神秘性を保持し続けるかについて言及していない。しかし、一方で、彼は人文主義的教育の性格を重視している。人文主義的教育は、人間のもつ疑問や批判を削除せず、むしろそこから出発するものである。ティリッヒの教育の神学の問題点は、象徴が既存の教会を越えたところでもその効力をもち得ることを認めながらも、教会内に限られた宗教的象徴

の導入の説明に留まっていることであり、彼の主張する人文主義的導入教育が、結果的に徹底できなかったことであると言える。つまり、彼の教育の神学は、問いにおいて人文主義的であり、答えにおいて神学的な理論である。それは、単なる折衷主義として批判されるよりも、彼の相関的方法の本質的性格に関わる問題を提起している。つまり、人間の実存的状況における問いに対する答えが、信仰の次元において求められているのであり、それは、答えを導く形式としての宗教的象徴が、教会の外における諸問題に直面することを避け、結果的に教会を逃げ場にする傾向を回避できない、と言う批判を生み出すことにつながるのである。

　開かれた理論であるはずのティリッヒの神学が、教会という閉じられた場に集約するような捉え方にならざるを得ないことは、神学という性格上避けられないかもしれない。しかし、それにも関わらず、彼の提起した宗教的象徴による導入的教育が、キリスト教教育の場の拡張という課題に多くの判断材料を与えたことは確かである。例えば、キリスト教教育における人文主義的要素や、霊の役割の重要性が導入の概念によって説明された。また、宗教的象徴の意義も強調された。
　ティリッヒにおける連関形成は、ヤスパースと比較すると、自己の主体性が薄められている印象が否めない。例えば、霊の働きは、自己の意志と無関係であり、宗教的象徴の神秘性が保持されている場面でも、自分が神の存在に参与している自覚はないのである。彼の方法論は、自らが神との関係をつくっていくと言う主体的行為より、むしろ、神の働く場を準備し、環境を用意するという消極的教育論に近いと言えるのではないだろうか。

４．問題点

　神と自己との連関形成は、ヤスパースにおいて、人格性の暗号を我有化することによって、ティリッヒにおいて、宗教的象徴の導入によってなさ

れることが説明された。同時に、問題点も明らかになった。例えば、暗号は、超越者そのものではないので、いくら暗号を習得しても神との関係の成立を確証できるものではない。また、宗教的象徴の導入に際しても、神の霊的働きが前提とされているため、自己の働きは消極的にならざるを得ない。これらの問題は、自己の主体性に基づき、対象の認識や存在の意味を問いながら信仰を育むと言う方法論から生じている。

　信仰の対象を確定できないヤスパースの方法論は、信仰と不信仰の転換点を曖昧なまま保留し、信仰を求める個人に不安と緊張を乗り越える課題を結果的に突きつけてしまう。ティリッヒの教育の神学では、宗教的象徴が効力をもちにくい共同体の外で、どのように神との連関形成を実現していくのか明確にされなかった。彼らの理論の枠組みでは、次のような二者択一しか残されていない。つまり、神を暗号のままとどめ、個人の思索の中で連関を形成するか、それとも、啓示として受けとめ、共同体の中で交わるかである。このような決断に迫られた場合、神を信仰することをやめるか、あるいは、教会を中心とした信仰生活をおくるか、のどちらかしか残されていない。この二者択一は、厳しい選択である。何故なら、実際には教会生活の挫折がキリスト教信仰の挫折に直結する可能性が高いからである。この選択は、次章のバルトとヤスパースにおける啓示信仰と哲学的信仰の対立で、より明らかにされるであろう。

第II部　ヤスパースと三人の神学者たち

〈註（第4章）〉
1．Ein, S. 30
2．VdW, S. 217
3．DphG, S. 20
4．ibid.
5．PhII, S. 281
6．ibid., S. 279
7．PhIII, S. 162
8．Tillich, Paul: *Systematic Theology*, Three volumes in one.
　The University of Chicago Press, 1967（以下各巻 SysI, SysII, SysIII と略）SysIII, p. 364
9．ibid., p. 219
10．SysI, pp. 59-66, cf. p. 60
11．SysIII, p. 131
12．東京神学大学神学会編『キリスト教組織神学事典』土居真俊　教文館　1992年　p. 275
13．SysII, pp. 118-119
14．ibid., p. 120, 136
15．ibid., p. 165
16．ibid., p. 88
17．ibid., p. 48
18．ibid.
19．SysIII, p. 224
20．ティリッヒは、『組織神学』（第三巻）の「霊的現臨」の章で、信仰の三要素について言及しているが、それらはどれも勇気、新しき存在、受容の側面抜きに説明できない。cf. SysIII, p. 133
21．DphG, S. 92-100
22．ibid., S. 100-103
23．ibid., S. 103-106
24．ibid., S. 98-99
25．ibid., S. 100
26．ibid., S. 102
27．ibid., S. 105
28．小田垣雅也著『キリスト教の歴史』講談社学術文庫　1995年　p. 217
29．cf. ヤスパースとニーチェのニヒリズムは、次のような強調点の相違がある。
　両者ともニヒリズムを神の否定、世俗や現実の世界の中に生の根拠を置く点では基本的に同じである。しかし、ニーチェのニヒリズムは、19世紀末の文化

や社会の在り様（伝統的文化・教養の崩壊、大衆の出現、デカダンス的（退廃的）風潮など）をまとめて名づけたのに対し、ヤスパースの場合は、信仰との関連で説明されている。
30．SysII, p. 44
31．ibid., p. 66
32．ibid., p. 46
33．ibid., pp. 47-48 強欲は「自己の中に実在全体を引き入れようとする無制限な欲望」であり、(ibid., p. 52) ヒュブリスは「自己また世界の中心としての自己自身に向かうこと」である。(ibid., p. 50)
34．ibid., p. 47
35．ibid.
36．ティリッヒは、不信仰は、プロテスタント・キリスト教において「人間がその全存在において神に背を向ける行為ないし状態である」と述べている。(ibid.)
37．PhI, S. 250
38．ibid., S. 247
39．ibid., S. 248
40．ibid. 彼は旧約聖書のコヘレトの言葉の筆者の態度を例に説明している。
41．SysII, p. 47
42．cf. R. シントラー著『希望への教育』加藤善治他訳　日本基督教団出版局 1992年 p. 109
43．Sys II, p. 116
44．PhI, S. 246
45．PhIII, S. 150
46．「実存的」作業とは、ヤスパースの「内的行為（das innere Handeln）」に該当する。それは、「暗号解読」のほかに「実存的瞑想（existentielle Kontemplation）」がある。cf. PhIII, S. 151
47．CT, S. 50
48．VdW, S. 113-115
49．斎藤武雄著、『ヤスパースにおける絶対的意識の構造と展開』、創文社 1961年 pp. 322-323
50．cf. ティリッヒは、人文主義が一般的な存在や自己存在、根本的な存在の問いを含んでいるものであると考えていた。(Tillich, Paul: *Theology of Culture* (TC), Oxford University Press, 1959, p. 154)
51．SysI, p. 240
52．TC, p. 61
53．SysIII, p. 265
54．ibid., p. 212

55．SysI, p. 250
56．SysIII, p. 264
57．cf. SysIII, p. 112
58．cf. SysI, p. 307, TC, pp. 154-155
59．cf. TC, p. 107, SysIII, p. 194, 249　山内、p. 171
60．『教育原理』教師養成研究会　学芸図書株式会社　1984 年 pp. 72-73
61．山内一郎著『神学とキリスト教教育』日本基督教団出版局　1973 年 p. 175
62．TC, p. 151
63．ibid., p. 154
64．ibid., p. 155
65．ヤスパースとブルトマンの聖書の非神話化論争では、まさにこの点が問題となった。ヤスパースによると象徴は解釈を伴うとその力が失われるとして、解釈抜きに直観されねばならないと主張した。反対にブルトマンは、いかなる象徴も解釈によって概念化されることで意味を獲得すると考えた。
66．山内、p. 181
67．TC, p. 147
68．SysI, p. 60
69．cf. ibid., p. 64, SysII, pp. 25-26
70．cf. SysII, p. 26

第5章 バルトとヤスパース
──啓示をめぐる対話──

　これまで、ブルトマンやティリッヒとヤスパースの対話から、聖書を通して神と自己との関わりを見出すための諸側面を考察してきた。ヤスパースの立場では、聖書で語られている神は、暗号として間接的に自己と関わっている。この章では、神と自己が、暗号として間接的に関わるヤスパース哲学の主張と、啓示を共有する信仰共同体の形成と言う、バルト神学の立場の相違に着目し、信仰の根底にある啓示と暗号の関係の解明を試みる。まず、啓示信仰と超越者の暗号を特徴とした、哲学的信仰を説明することにしたい[*1]。

１．バルトの啓示信仰

　始めに、バルト自身が信仰の概念をどのように捉えていたのか明らかにする必要がある。『教会教義学』など膨大な量の著作を残したバルトから、信仰の概念を簡略に説明することは容易ではない。しかし、1961-62年バーゼル大学での最終講義において、彼は自らの神学を分かりやすく『福音主義神学入門』[*2]で簡潔に説明している。
　まず、彼は、信仰の境界設定を次の四つの点において行っている[*3]。

1）信仰は「最も強烈で、最もきびしく、最も確実な知識」である。
2）信仰は他人まかせの決意や実行ではない。
3）信仰は他者との出会いとその交わりによって生じる。
4）信仰は「出来事（das Ereignis）」、「歴史（die Geschichte）」であって、

教説や学問の中に解消されるものではない。

1）は、人間の理性によって確実な知識を得ることが限界に達し、その先の領域を推量し、その結果、神的な存在を信仰することに対立する立場を明確にしている。このような推量によって信仰することを、バルトは、「貧弱な出来事」して批判している。これは、ヤスパースの哲学的信仰に対する批判とも受けとれる。また、2）では、教会関係者に対する批判を伴っており、信仰は、あくまで他人任せではなく、自己自身の主体性が重要である、と強調している。だからといって、信仰は、自分一人の内省によって生じるものではなく、他人との出会いや、その後の交わりによって生まれ、育っていくものである、と3）で述べている。これは、信仰が「対話(Dialektik)」によって磨かれていくことを示唆し、信仰する自己が自らの主体性を喪失し、信仰の対象の中に融合し、合一化することではないことを指摘している。

4）では、信仰が、学問的に神学の対象として客体化され、信仰する主体である自己と切り離されて語られる場合の危険性について触れている。信仰が出来事であるとは、信仰する主体である自己に実際に起こった固有の事実であり、一回限りの取り返しのつかない出来事なのである。それがまた、歴史であるとは、その固有の出来事がその後の自分の人生の中で、徐々に、また時には急速に神と自己との関係を強め、または弱めていく、そのような道筋をたどることを意味しているのである。バルトは、信仰とは「朝ごとに新しく」なる一つの「歴史」である、と述べている[*4]。

また、彼によると、信仰は神から人間に与えられた啓示である。この啓示は、人間が努力して獲得する神認識ではなく、あくまで神の側からの無条件的恩恵によるものである。その恩恵とは、イエス・キリストであり、キリストによってのみ、神は啓示されるのである[*5]。さらに、バルトは、啓示に見られるこのような信仰の受動性を、次のように表現している。

(前略)信仰は義務づけられた行為ではなく、人間に神から許可された

第5章 バルトとヤスパース

行為なのである*6。(下線部著者)

そして、その行為は、

(前略)つぼみが開いて花となり、その花が太陽の方へ身を向けるのと同じであり、何か自分にとって楽しいことに遭遇した子供が、自明のこととして笑うのと同じなのである*7。

以上から、バルトの信仰は、神から人間への方向性のみをもち、その逆はもたないと言う特徴がある。人間は、神から恩恵として信仰を受けとり、あくまで神から許される受動的行為として、神を信仰できるにすぎない。主体的に人間の方から神を求め、人間の理性による神認識の限界が信仰の契機となることは、バルトにとって「貧弱」でとるに足らない出来事なのである。しかし、彼は、人間がただ漫然と神を待っていれば良いと考えているわけではない。啓示を受けとる側の人間にも、何らかの準備や段階が必要なのである。

バルトの信仰を、イエス・キリストの啓示を受容するプロセスと仮定するならば、次の三つの段階を経ることができるであろう。寺園は、このプロセスを「信仰の行為」の中で、次のように説明している。寺園は、信仰を神からの恩恵と捉えると同時に、人間の行為としての性格も明らかにしている*8。そして、この行為は、「知ること(Kennen)」と言う概念にまとめることが可能であると言う。知ることは、さらに「承認(Anerkennen)」、「認識(Erkennen)」、そして「告白(Bekennen)」の三段階をもっている。

第一に、承認である。これは、イエス・キリストに完全に従うことを意味している*9。バルトは、「従順で、温順で、屈服し、従属する」知り方を承認と呼ぶのである。

第二の段階は、認識である。これは、一般的に哲学で語られるような理性的認識というものではなく、認識する主体が、認識の対象である客体に従うと言う、特殊な行為である。バルトは、「従順からこそ、神についての

すべての正しい認識（omnis recta Dei cognitio）は生まれる」[*10]と言う。

　最後の段階は、告白である。これは、寺園によると、教会をその場としなければならないのである。教会は複数の人間の「集まり」として、初めて成立する信仰共同体である。そこにおいて、一人の人間が信仰をもっていればそれで済むものではなく、共同体の他のメンバーとともに、神への信仰を告白することが不可欠なのである。複数の告白が成されることによって、キリストの恩恵に対する応答が可能となるのである。この段階において、信仰が個人の内的思惟行為だけではなく、他者とともに成される共同的行為であることが示される。

　バルトは、神の側から人間へ至る道を、イエス・キリストによって神学的に位置づけているが、反対に人間から神に近づく道は、一切認めなかったと言える。人間の側からの可能性が皆無であるということは、同時に、自然の中に神の遍在をみる汎神論や、自然神学の立場を否定することを意味している。神認識の可能性は、科学的・哲学的認識によって得られることは全く無いのである。つまり、人間の認識が何らかの挫折を経て神への信仰に転じることは、有り得ないと言うことである。この点に、バルトの特徴である、イエス・キリストの啓示のみを肯定し、あらゆる他の象徴を否定する、ある種の排他性が見られる。

　自然神学に対するバルトの立場は、非常に明確である。つまり、彼によると、自然神学は、人間が自ら知り得ることを神の啓示として受け取ることを認めるものであるから、人間自らが神と等しくなる危険をもつ、と言うのである。あくまで、イエス・キリストのみが神の啓示であり、それ以外に有り得ない、と彼は主張する。『教会教義学』において、彼は次のように述べている。

　　「自然神学」とは、イエス・キリストにおける神の啓示なしにも成り立つような、人間と神との結合についての教説である。自然神学は、この自立的な神との結合に基づいて可能となり現実的となるような認

第 5 章　バルトとヤスパース

識と、その帰結とを、神・世界・人間という全関係に対して一貫して発展させる。そのことは、人間それ自体の領域の中では(略)必然的な企てである。この領域は(略)人間が神に対して自己自身を主張し、そして同時に神が人間によって実際にもはや認められなくなり、かくして人間が自らを神と等しくするということによって生じ、成立する[11]。

そして、イエス・キリストのみを神の啓示とする、啓示の排他性に関しては、次のように述べている。

　一言で言えば、初めの恵みの契約、すなわち救済の前提であるものは、決して「自然神学」の発見や設置によるものではない。イエス・キリストから離れては、そして彼なしには、われわれは神について、また人間について、そしてさらにその関係について、何も語ることはできないし、またそれらに対して終始前提されるべき関係は、まさに恵みの契約の関係だということをほとんど言い得ないであろう[12]

バルトのこのような啓示信仰の性格は、仏教や神道の長い伝統をもつ日本で、何故キリスト教なのか、という問いに答える余地を残さないのである。その結果、この信仰は、他の宗教や考え方を認めない排他性を必然的に伴うこととなるのである。この点に関して、米倉は、教義の客観主義的固定化、信条の独断に陥る恐れがあると危惧している[13]。

ヤスパースも、『啓示に面しての哲学的信仰』において、啓示信仰のもつ排他性を鋭く批判している。彼は、「啓示に対する哲学的信仰のための三つの放棄」の最後で、排他性が信仰の真理性を損ない、神の真理が、教会の教義に限定されたものとなることを批判している。

　(c)教義的に限定された信仰の真理の排他性は崩壊する—(略)それ(排他的要求)は、《教会の外に救いなし》(extra ecclesiam nulla salus) と言

う命題に見られる。(略) 排他性が崩壊してようやく、その現象においてある信仰自身が真となり得る*14。

これまでの説明から、バルトの啓示信仰は、根本的に神から人間へ与えられる一方的恩恵であり、人間の自己意識から神との関係を形成していく道が徹底的に否定されていることがわかる。また、寺園が指摘しているように、バルトが信仰の中に告白の要素を含めていることも重要である。告白を可能にするには、告白する本人とそれを聞く相手が必要であり、共同体の存在が前提となっている。つまり、バルトの啓示信仰は、神からの一方的な恩恵を共同体の中で受けとめることだと言える。

2．ヤスパースの哲学的信仰

哲学的信仰の概念は、本来ヤスパース哲学全体の中心を支えるものであり*15、1928-33年頃に定式化されたと言われている*16。そして、1947年のバーゼル大学の特別講演を基に、1948年『哲学的信仰 (Der philosophische Glaube)』が出版された。彼は、この中で信仰の内容について次のように説明している。哲学的信仰は、以下の相補的な三つの命題によって成り立っていると言う*17。(哲学的信仰に関しては、第4章1節も参照)

1．神が存在する。
2．無制約的要求がある。
3．世界は神と実存の中に消え行く現存在を有する。

第一命題は、人間が、神の存在を出発点として神を探すことを意味し*18、決して合理的な証明の結果、神の存在が肯定されるのではないことを示している。彼は、「存在を証明された神はもはや神ではない」*19と述べ、そのような神は、人間の悟性内での神にすぎないと考えている。神を合理的に

証明することは、神を客体として対象化し、一つの像に固定化し、結果的に絶対化することにつながる。絶対化は、神に関する様々な像を否定し、神そのものをも破壊する傾向がある。ヤスパースは、この傾向を宗教のもつ「排他性（Ausschließlichkeit）」[20]と見なしている。彼は、排他性の生じる原因を次のように考えている。

　　信仰における真なる内的存在の無条件性は、知識における常に部分的な正当性をもつ普遍妥当性をつかむこと以外の何か根源的なものである。歴史的無条件性は、ことば、教義、典礼、機関における真理の現象の普遍妥当性ではない。ますますその混同は、一つの信仰的真理の排他性の要求を可能にする[21]。

つまり、ここで彼は、宗教が真理を媒介する様々な現象と、根源的なものである真理そのものを混同することで、ある特定の現象を真理とみなし、それ以外を排除する傾向があることを批判しているのである。彼は、バルトの啓示信仰を想定していると考えられる。

　第二命題における無制約的要求とは、時間や空間に制約された存在としての人間が、無限な神を前にして自らの有限性を自覚し、神の導き[22]によって生きる意志を確信させる要求であると言える。この要求は、様々な人や出来事との出会いを通じて、自己の意識の中に覚醒されるものである。神の導きは、ヤスパースにとって人間が自由を求める過程で聞こえてくる「神の声（Gottes Stimme）」である[23]。しかも、神の導きを聞くことには、常に誤りが含まれているため、謙虚さが必要とされる。また、彼は、自らの行為を万人に対する要請に普遍化すべきではない、と述べている[24]。これは、信仰を他人に強制すべきではないことを意味していると言える。人間の有限性の自覚は、自己絶対化や人間の神格化を阻止し、自己の判断や思い込みを神の声と混同せず、いかなる確信も誤りであり得ると言う意味において、自己相対化を促す[25]。神の導きは、歴史における出来事を通じて現れる。人間には、その出来事が時間と空間に制約された現象として受け

とられるので、実際に、多様な形式でそれを解釈せざるを得ない。

また、第三命題を換言すると、世界ははかなく、消え行く存在であるということである。斎藤は、これを次のように解説している。

> 現象としての世界存在は、存在そのものではなくて有限性をもつということ、そしてこの消滅する世界存在において神と実存とが出会うということ（である）[26]。

人間は、時空に支配された世界の中に存在し、世界の中で現象するあらゆる存在を認識し、それらと共存している。それ故、人間自身は、世界全体を対象として捉えることができない。つまり、世界の外で超越した視点から世界を認識することができないのである。このことは、人間の出会いが、世界の中に限定されていることを意味する。しかし、実存における出会いの意義を主張したボルノーによると、出会いは、歴史的隔絶や民族の相違を超えたところでも可能であると述べている[27]。彼は、ヤスパースの交わりの概念を重視し、歴史上の偉人たちとの出会いが、真理の獲得の一つの手がかりとなると理解している[28]。もし、ボルノーの理解が正しいならば、歴史上の偉人たちと自己が出会う場は、世界の中でありながら、時空を超越した領域であると言うことになる。現象の認識は、対象知によって行われるが、偉人という他者を認識するには、根本知に基づいて、暗号としての偉人の我有化が行われなければならない。すでに現存しない過去の偉人たちは、真理を断片的に具現化する暗号として自己と対決し、人格として理念化されている。ヤスパースは、神と人間との関係をつなぐものとして「人格性（Persönlichkeit）」を重視している。

> 超越者との関係は（不適切な言い方をすることになるが）人格神との出会いにおいて、直観的に現前するものとなる。人格であるという局面において、神性がわれわれに関係づけられ、それと同時にわれわれの方は、この神と語ることもできるような存在者へと高まるのである[29]。

神と実存が出会うことは、実際に、ヤスパースにおいて暗号を介してなされるため、世界の中での直接的な出会いではない。つまり、出会いの状況下では、自己は世界の中にいながら世界を超越した意識をもっていなければならない。暗号は、そのような意識をもつことにおいて、始めて暗号であり、それなくして暗号は単なる対象のままであろう。このように、世界は、神と実存との出会いと言う局面に至る時、暗号の形式を提供する現象の場であり、超越のための踏み台となるのである。

さて、哲学的信仰は、啓示信仰と反対に信仰が認識過程の延長上に捉えられている点が特徴的である。一方、信仰の対象である神そのものが、実在性をもって直接人間の前に現れることを否定している。つまり、哲学的信仰は、対象知を基礎としながらも、神が対象化されることを徹底的に否定するのである。ヤスパースにとって、神認識は、あくまで神の暗号の認識に留まるのである。そこで、啓示信仰のように、イエスが神であるとは認めず、あくまで神の暗号として他の偉人達(ブッタ、ソクラテス、ニコラウス・クザーヌスなど)と同列に扱われるのである*30。バルトが、受肉したイエス・キリストの啓示のみが神と人間とのつながりを形成していると主張するのに対して、ヤスパースは、神が具象性をもって地上に現れることは、神を対象化し、歪曲するものであると考えている。彼は、『啓示に面しての哲学的信仰』の中で、次のように述べている。

> 誠実性の故に我々は、超越的現実性を具象的実在性として所有するのを、暗号におけるその多義的な言葉のために、放棄せねばならない*31。

つまり、神はあくまで天にいまし、地上に現れることはないのである。人間は、神から遠く離れ、ただ地上において神の影をみることができるにすぎない。その影は、暗号であり、神の間接的な言葉である。(暗号については、第3章2節を参照)「暗号とは超越者の現実性の言葉であって、超越者そのものではない。」*32のである。また、彼は「暗号は可能性であって実在性で

はない。」*33と述べている。これは、神のこの世における具象性が否定されたことで、人間と神との関係が断絶され、それによって、人間がニヒリズムに陥ることなく、あくまで神との関係が暗号によってつながり得ることを示唆している。ここで言及されている「可能性」とは、神との関係を求める人間にとって残された希望と解釈できる。

さて、具象性が否定された神の認識は、ヤスパースによると、暗号解読によってなされると言う。暗号は、具象性が否定されたところの神の言葉であるから、悟性による経験的認識によってその本質を把握することはできない。北野は、暗号解読において、次のように神の対象化が不可欠であると述べている。

> （略）宗教では、最終的に個々の実存によって打破されるべきものではあるが、超越者の対象化がいわば、方便として前面に押し出される必要がある。暗号には、この点の配慮が欠如している*34。（下線引用者）

しかし、彼の主張は、存在の対象化を避けるヤスパース哲学の文脈に沿っているとは言えない。何故なら、暗号解読において神を対象として認識するという行為は、完全に否定されているからである。神のみならず、神の言葉である暗号が対象として認識されないことは、次のヤスパースの指摘によって明かである。

> 暗号はあるものに関する認識ではない。むしろどんな他の仕方によっても顕現することのないものが、それ自身において顕現するものである*35。

彼は、暗号は認識されるものではなく「聴かれる」ものであると言う*36。このような神認識の不可能性によって、神と人間との関係は一見、断絶したように思える。確かに、啓示信仰のように神と人間とを直接仲介するイエス・キリストのような存在は、哲学的信仰においてあり得ない。しかし、

このような非連続的関係にあっても、なお、ヤスパースは、両者をつなぐ手段として暗号を位置づけているのである。彼によると、暗号は人間と神との途切れた関係を直接的ではなく、間接的につなぐものであり、それはある意味で知覚可能なものである。どうすれば神の言葉を聴くことが可能となるのであろうか。それは、彼によると「実存的になる (existentiell werden)」ことによってである。

　　我々にとって対象的になり、我々に体験可能となるところの一切における暗号文字の読解、即ち、我々が実存的になる程度とその力とにおいて、事物が超越者の言葉のように我々に理解可能になるということを通じて、その事物の透明性を経験的に知ること*37。（下線引用者）

　哲学的信仰において、人間から神への認識過程は、暗号解読という特殊な方法論によって実存の領域において可能となる。その際、神の暗号は、もはや認識の対象ではなく、感得されるものとなるのである。一方、神から人間への顕現化は、具象性の否定によって拒絶されている。イエス・キリストの受肉の否定と啓示の暗号化は、神がこの世で実在性を有することを許さないことを意味する。何故なら、この世における実在性をもった対象を神と容認することが、哲学的信仰において偶像崇拝へつながると考えるからである。このように、神から人間への道は、バルトの啓示信仰とは対照的に、一切否定される。

3．暗号から啓示への契機

　両者の信仰を比較した上で、最も困難な点は、暗号から啓示に至る道を示すことである。ヤスパースは、主に二つの理由によってこの道を拒絶した。第一に、人格性は有限であり、無限の神に対して人格性を用いることは、神を有限化することになるためである。第二に、無限の神が自ら有限

化し人格をもつこと、即ち、受肉することはあり得ないとヤスパースが考えたためである。これらの理由に反論することなしに、我々は暗号から啓示の道を探ることはできないであろう。

　上記の理由は、暗号論を人間と神に有限と無限を対照させた二元論の枠組みで構築した結果、もたらされたものである。そこにおいて、人間のもつ無限性は可能性として希薄化され、神のもつ有限性は存在の対象化として注意深く退けられる。それらは、ヤスパース哲学において、人間を本来自由な存在として可能的実存と捉え、また、神をすべての存在様式に固定化されない超越者として、認識の対象からはずすことによく表れている。彼は、人間と神の関係が、二元論の枠内で捉えきれないことを知りつつ、敢えて、それらの領域を厳密に区別した。何故なら、ヤスパースは、ナチズム台頭など時代の荒波の中で人間の実存を守り、理性による明確な判断が必要だと考えたからであろう。しかし、結果的に神を無限の領域にある意味で閉じこめてしまう二元論的枠組みは、信仰を論ずる際に妥当だと言えるか疑問である。信仰は、人間の神に対する自己意識であると同時に、神から贈られるものであることをヤスパース自身も認めている。だが、本来神から贈られた信仰であるかどうかを、どのようにして判断するのであろうか。つまり、仮に暗号という間接的象徴であったとしても、超越者の言葉と判断するのか、単なる記号と見なすのか、どの時点で決定されるのであろうか。暗号解読は、認識を越えた思惟であるが、その際、対象知を越えた根本知は、二元論を越えた神秘性を容認せざるを得ないと考えられる。客観的根拠に頼らず、ある意味で、直観的に超越者の言葉を感得する思惟活動は、もはや、概念を介した思惟ではなく、神と自己との一体感を体験する「神秘的」瞬間であろう。ヤスパース哲学を神秘主義と見なすことは避けなければならないが、彼が暗号を暗号と見なすことは、二元論を越えた神秘的直観とも言える感性が働いているように思われる。

　暗号は、この世のあらゆる有限な存在を形式としてもつことによって、人間に知覚され得る。しかし、その本質は、知覚や認識の対象となり得ない。啓示もまた、例えば、イエスという神の子という形式をもち、その本

質は、対象化できない聖霊や神であるという見方ができるかもしれない。しかし、このようなイエスの捉え方は、キリスト教の三位一体論の理解からはずれるものである。何故なら、暗号は、形式と本質を厳密に区別するが、三位一体論において、啓示は両者を同等とみなすからである。

　暗号から啓示への道を閉ざす第一の関門は、人格性を神の形式とみなし、神の本質から峻別することによって、辛うじて突破することができる。しかし、そうすることによって、第二の関門の克服がさらに困難となる。つまり、それは、イエスと神を同等に扱う三位一体論と異なる信仰を導くことになるのである。神が自らを有限化すること、つまり、受肉することは、ヤスパースにとって極めて受け入れ難いことであった。しかし、逆に、このような彼の考え自体が、神の自由を限定的に捉えていることでもあるのである。神の無限性を認めることは、有限性を否定することと同じではない。受肉の否定は、無限を有限ではないことと単純にイコールで結んでしまう論理的思考の結果、生じていると考えられる。少なくとも受肉の議論に関しては、暗号による神秘的直観を認めるヤスパースの豊かな感性が感じられないのである。

　神の有限化や受肉を認めることは、同時に、神の自由を認めることと言えよう。神の自由な行為によって、イエスと言う人間になったことを受け入れることが、啓示を受け入れることでもある。暗号を暗号のままにすることは、神の自由を認めず、二元論的論理に固執することである。それにもかかわらず、暗号解読の最初の段階である神秘的直観の感性は、啓示を受け入れる素地を充分に備えていると思われる。何故なら、啓示の中に神を見る洞察力、ヤスパースの言葉を借りれば、根本知を働かせているからである。暗号を浮遊した神の言葉として、形式のまま留めるべきだと言うヤスパースの態度は、最終的に、神を遠い存在のままにしておくことになる。そこでは、<u>神が近づく</u>という発想を活かすことができない。哲学的信仰においては、近くにいる神、近づく神を受け入れることができないのである。暗号から啓示への道は、神の自由を認め、神自身が我々に近づくことを受け入れることによって可能となる。

信仰と言う、自己存在を超越した絶対的意識を形成することは、宗教教育の重要な課題であるだけでなく、人格形成の一般的理論にも無関係ではない。むしろ、教育理念を根本的に考察する際に、重要な概念を提供し得る課題でもある。しかし、バルト神学において強調されている啓示信仰は、イエス・キリストという特定の啓示を受容することから出発しており、その信仰のもつ排他的性格は、仏教や神道の長い伝統をもち、キリスト教の歴史が浅い日本の精神的土壌には、なじまないように思われる。実際に、排他性を伴う啓示と対峙する際のデメリットは、求道者、即ち、神を求めているが、まだイエス・キリストの啓示を受け入れていない者の中に、宗教と道徳の区別や、他宗教とキリスト教の関係や、その独自性に対する疑問が生まれた場合、最終的に、何故キリスト教でなければならないのか、という問いに、学問的に答えることができないことである。

　このデメリットは、先述のように、結果的に信仰を共同体の中で育むか、個人の真理探究と思索にゆだねるか、という二者択一を生むことにつながる。啓示信仰は、バルトによれば、個人の信仰を公の場で告白することを重視しているため、教会という信仰共同体をその母体にもつのである。教会のもつ様々な儀礼、教義、組織は、信仰が共同体において共通であることを確認するための手段として機能している一面がある。何故キリスト教か、と言う個人の問いは、このような信仰共同体の中に一旦参加してしまうと、問い自体が成立不可能となるように思われる。そこで、キリスト教の啓示信仰は、曖昧な信仰者、即ち神の存在を認めながら啓示に否定的な態度をとる者に対し、教会と言う信仰共同体の前に壁を築くのである。

　ヤスパースの哲学的信仰は、啓示信仰にみられるような教会を形成することはなく、あくまで単独者の、個人の信仰に留まる。そのため、組織をもたず、教義や儀式も不必要となる。部分的に、彼は、哲学的信仰による「哲学的宗教」の可能性を示唆しているが[*38]、彼の言う宗教は、あくまで人間が神との関係を形成することで自由にされることを目的とする、と言う救済論的視点から語られたものであり、共同体とは無関係である。

　哲学的信仰が、それに基づく信仰共同体を形成しないことは、暗号によ

る救済の有無を吟味することでも、明らかとなる。ヤスパースは、「人間イエスは一つの暗号である。」[*39]と述べているが、この立場を貫くと、神の概念の把握が曖昧になる[*40]。何故なら、絶対的な存在者を規定することは、暗号論において回避されているからである[*41]。その結果、あらゆるものが暗号の対象となり、なんでも個人の信仰において神となり得ると言う、ある意味で、危険な状況を生み出すのである。しかし、彼によれば、むしろ、人間イエスを神にしたことの方が危険であり、迷信なのだと主張する。

　キリスト教に基づく教育において、信仰形成の共通基盤は、言うまでもなくイエス・キリストである。ここでの問題は、暗号としてのイエスから、いかにして啓示としてのイエス・キリストへと転換するかである。そのためには、ヤスパースの暗号論の神秘的直観部分を活かし、さらに、神の受肉する自由を受け入れることが必要である。神の受肉を認めることは、ヤスパース哲学の枠を越えることであり、神が我々に近づく自由を受け入れる啓示信仰をもつことを意味する。暗号としてのイエスが、啓示としてのイエス・キリストとして信仰されるためには、人間イエスが、(信仰の主体である)自己に、他の可能性を排除せざるを得ないほど実在性をもって迫ることが重要である。そこにおいて、イエスは、もはや過去の人間としてではなく、現在の自己と深く関わる他者となるのである。

　イエスが実在性をもって迫る、とは、さらにどのような意味に解釈できるのであろうか。それは、イエスと自己が、人格的関係を成立させることである。つまり、イエスが人格性をもった暗号として自己に現れ、その暗号が、浮遊の状態から自己の意識の中に確固たる領域を確保し、そこを基盤として生きていこうと自ら決断する時、暗号イエスは、ヤスパース哲学を離れ、より啓示としてのイエス・キリストに接近した他者として、存在しているのである。啓示としてのイエス・キリストと言うキリスト教の共通認識が、自己の中で芽生えた時、かつて曖昧な信仰をもっていた自己は、自らの前に立ちはだかる信仰共同体の壁が崩れていくのを見るのである。

〈註（第 5 章）〉
1．米倉充著「啓示信仰と哲学的信仰―バルトとヤスパース―」
（人文論究 10-2 関西学院大学人文学会 1959 年 p. 112（pp. 97-113）
　　この論文で、彼は、ヤスパースの信仰概念である「哲学的信仰」を紹介し、その神概念の把握が不徹底であると批判している。米倉は、バルトの信仰概念である啓示信仰が啓示の絶対性を主張するあまり、教義や信条の固定化が生じると批判しながらも、最終的には、ヤスパースの哲学的信仰よりも、バルトの啓示信仰を擁護する立場を見せている。米倉は、ヤスパースが、哲学的信仰において神を客観的事実として認識することを許さず、すなわち、イエス・キリストのような神のこの世における「実在性（Realität）」を認めず、あくまで神認識を可能性として捉えたままで留まると強調する姿勢を批判した。一方、ヤスパースは、バルトのイエス・キリストのみを信仰する啓示信仰を、それ以外の象徴や啓示を認めない排他性に富んだ信仰として批判した。米倉は、啓示信仰のもつ排他性に関して、次のように述べている。

　　　かかる排他性の主張は、キリスト信仰の事物の本性（Natur der Sache）に根ざすものであって、時代と環境から偶然的に作成されたものではない。しかし、かかる排他性の要求も、聖書全体としてみれば、歴史的運動が固定化した間に堕した一つの特色と見るべきであろう。（ibid., p. 107）

　　米倉が指摘するバルトの啓示信仰のもつ排他性と、ヤスパースの哲学的信仰のもつ神認識の不徹底性は、根本において、イエス・キリストをどのように捉えるかにかかっている。当然ながら、神学者バルトと哲学者ヤスパースのイエスの捉え方は、異なっている。信仰の前提を神に置くバルトと、人間の認識の限界点から出発するヤスパースは、幸い互いに無関係に主張し合うのではなく、激しく正面からぶつかり合っている。例えば、バルトは『教会教義学』（Karl Barth: *Die Kirchliche Dogmatik* （KD）．III/2, Evangelishcer Verlag AG., Zollokon 1959）において、ヤスパース批判を行い、反対に、ヤスパースは、『啓示に面しての哲学的信仰』において、バルトが主張したイエス・キリストの啓示を真っ向から否定している。cf. PGO, S. 485-488
2．K. バルト著『福音主義神学入門』（加藤常明昭訳　新教出版社　1962 年）
3．ibid., pp. 121-123
4．ibid., p. 128
5．米倉、p. 98
6．バルト、『福音主義神学入門』p. 127
7．ibid., p. 128
8．寺園喜基著『バルト神学の射程』ヨルダン社　1987 年　p. 113

9．vgl. KD, IV/1. EVZ-Verlag, Zürich 1960, 847 ff.
10．ibid., S. 851
11．KD, II/1, S. 189
12．KD, IV/1, S. 47
13．米倉、p. 112
14．ヤスパースは啓示信仰から哲学的信仰の道をたどるには次の三つの放棄を余儀なくされると考えていた。
　(a)　イエスはもはやすべての信仰者にとって神人キリストではない。
　(b)　啓示は啓示の暗号となる。
　(c)　教義的に限定された信仰の真理の排他性は崩壊する。(PGO, S. 500-508)
　cf.　教会の教義が、神の普遍妥当性と混同されることへの批判は、DphG, S. 71参照
15．林田新二著『ヤスパースの実存哲学』弘文社　1974年　p. 181
16．ibid., p. 182
17．DphG, S. 29
18．ibid., S. 31
19．ibid., S. 30
20．ibid., S. 71
21．ibid.
22．Ein, S. 53
23．ibid.
24．ibid., S. 55
25．ヤスパースは、「一つの真理は、それが啓示されていると主張される（従って、それ以外にいかなる救いも存在しないはずと言われる）ところには存在しない。（略）展開された神学的独断論においては、その際、真理は失われている」と言及し、自己の中で信仰を確信する際、何か一つを真理とすることを独断論として批判している。一方、理性のみは絶対化され得ず、不充分ながらも真理確証の媒介となると考えている。(PGO, S. 139-141)
26．斎藤武雄『ヤスパースにおける絶対的意識の構造と展開』創文社　1961年　p. 569
27．ボルノー『実存哲学と教育学』p. 182
28．ibid., p. 187
29．Ein, S. 56
30．偉人達の例は、GPにまとめられている。
31．PGO, S. 432
32．ibid., S. 430
33．ibid., S. 480

34．北野裕通著「記号・象徴・暗号―ヤスパースに即して―」
　　in:『認識と超越』稲垣不二麿・長谷正當編著、北樹出版　1981年
　　（pp. 203-224）　pp. 222-223
35．CT, S. 29
36．VdW, S. 1033
37．ibid., S. 111-112
38．PGO, S. 476
39．ibid., S. 501
40．米倉、p. 112
41．暗号論において絶対的存在者である神を何らかの特定の対象に固定化することは、偶像崇拝につながる迷信として拒否されている。
　　vgl. CT, S. 50, 北野、p. 216

終章　個人と共同体の関わり
──今後の日本のキリスト教教育を考える──

　これまでの三人の神学者とヤスパースの議論は、聖書をどのように理解し、信仰を育むか、と言う、言わば、個人の内的行為が中心であった。しかし、キリスト教神学にとって、神と個人の関係を、さらに教会と言う信仰共同体の中で捉えることがさらに重要な課題である。この点について、ヤスパースは、どのような考えをもっていたのであろうか。本書の最後に、ヤスパースの教会批判を切り口に、個人と共同体の関わりについて考察していきたい。同時に、今後の日本のキリスト教教育にとって、神学も含めて、さらに個人と共同体をつなぐ理論を形成するために、何が重要な課題となるのかを問うていきたい。

１．ヤスパースの教会批判

　ヤスパースが、教会に対して批判的であったことは、様々な彼の著作に明確に表れている。その批判のルーツは、彼の父親の影響にあると思われる。ヤスパースの故郷、オルデンブルグは、ドイツの最北に位置し、プロテスタントの福音主義派が多い地域である。彼の父（カール・ヤスパース同名）は、少なくとも一般的市民の義務として教会生活を行っていたようである。ヤスパースの助手であった H. ザーナーによる伝記には、次のように描かれている。

　　彼［ヤスパースの父親］が71歳になり、世間がもはや彼に何事も要求しないと考えたとき、彼は教会から脱退した。《教会のあれこれの行

動や教義の内容は彼にとって、そこには真理が支配していないという証明であった。》脱退は彼にとって、誠実性の営みなのであった[*1]。

ヤスパースは、父親を尊敬し、「汚れない(fleckenlos)」者として求めたと言われている[*2]。父の教会に対する態度は、社会的義務を忠実に果たす次元に留まっていたようである。そのような態度は、幼いヤスパースに大きく影響を与えたと思われる。彼のキリスト教に関する発言では、特に、教会に対して手厳しい批判をしている。彼は、教会の性格を抽象的に「教会的なもの(das Kirchliche)」と表現して、次のように述べている。

「教会的なもの」は権力機関、熱狂主義や迷信の媒体である[*3]。

この批判は、ナチズムに迎合した、当時のドイツの多くの教会の事情を強く反映したものと考えられる。ヤスパースが意味する「教会的なもの」とは、聖書にあるような、本来的に神の宮である教会ではなく、政治や権力によって歪められた「全体主義の一形式」[*4]に成り下がった教会である。その教会は、ヤスパースにとって、神の言葉から離れ、教会独自の意識で勝手に判断を下すように見えるのである[*5]。それ故、教会は、キリスト教本来のエネルギーを消滅させる行為をしている、とヤスパースは確信していた[*6]。

ヤスパースのキリスト教に対する態度は、聖書、教会、宗教、啓示信仰など、それぞれについて微妙に食い違っているので注意を要する[*7]。少なくとも、ヤスパースはこれら四つのうち、教会に対して一番消極的な評価を下している。ヤスパースは、啓示信仰と異なり、「教会信仰(Kirchenglauben)」という言葉を用い、教会信仰には真の宗教はないと考えている[*8]。しかし、ヤスパースの批判した教会は、教会の現実的な機能の一側面を指しているにすぎない。決して彼は、神の宮としての本来的教会を批判しているわけではない。次に、教会のもつ基本的性格を確認し、ヤスパースの批判のほこ先がどこであるかをさらに明かにしたい。

2．キリストが忘れ去られた教会

　一般的に、教会には基本的性格が二つあると言われている[*9]。第一に、制度としての教会である。制度としての教会には、正典の制定、信条・信仰告白、教職制度があり、それらが、キリスト教信仰の継承に具体的に重要な役割をもっている。第二に、神の民としての教会である。それは、神に「選ばれた」人々としての信仰共同体である。それは、ユダヤの選民思想を起源としながらも、イエス・キリストの啓示を受け入れるという意味で、選別された信仰をもっている者の集まりである。制度としての教会は、他宗教や政治的支配から逃れる手段を必要とした、キリスト教成立初期の時代から徐々に整備されてきた歴史をもつ。しかし、時代とともに自衛的手段としての制度から、支配機構としての制度へと変質していく。ヤスパースが批判したのは、まさにこの点であり、教会が制度として政治や権力に結びつき、その結果、本来の神の民としての教会の性格を忘れてしまっていることである。

　ギリシア語で、集まりを意味する「エクレシア」（$\dot{\varepsilon}\varkappa\varkappa\lambda\eta\sigma\acute{\iota}\alpha$）が教会の語源であるが、教会は、単に人々の集まりではなく、キリストが前提となった集まりである。教会成立の前提は、ティリッヒによると「新しき存在の顕現に基礎づけられているグループ」[*10]であると言う。新しき存在とは、キリストのことであり、すなわち、キリストが教会の前提なのである[*11]。この自明の定義がしばしば忘れられることに、教会が本来的教会の在り方から外れる主な原因がある。

　キリストが忘れられるとは、具体的にどのようなことであろうか。例えば、ヨーロッパの教会史から明らかなように、教会の規模が大きくなり、構成員が増えるに従い、様々な制度や秩序が必要となる時に発生すると考えられる。その際、教会の構成員は、神の前に平等であることを忘れているわけではないが、教会の組織内に、ある種の力関係を感じるのである。

教会の指導者である聖職者たちや、教師と一般の信徒間に生じる区別は、カトリック教会では、伝統的に制度化されている。また、プロテスタントにおいても、牧師と一般信徒との明確な区別をもつ宗派が少なくない。これらの区別は、教会の規模が大きくなればなるほど、運営上重要になる。しかし、さらに注目したい点は、教会の規模を問わず共通している、一般信徒同士の力関係である。長年教会生活をおくってきた長老たちや、教会の奉仕を進んで行う真面目な信徒、牧師よりも神学の知識を豊富にもつ大学教授、このような教会に大きく貢献しているように見える信徒たちが、キリストを基本とした教会形成を忘れるとき、教会は、本来の神の民の共同体から、信徒たちの所有物としての組織に成り下がるのである。

　バルトは、教会の成立は、制度や秩序が先ではなく、「イエス・キリストによって特別な課題のために召された生ける民」が教会をつくると述べている[*12]。さらに、彼は、信徒を「生きている会員」と「死んだごとき者(会員)」に分けることに対して、次のような忠告をしている。

　　　教会はすべての肢にわたってこの奉仕に召されている民である。(略)教会員を生きている会員と死んでいる会員とに余りにもはっきり分けて考えること(に警戒せねばならない。)(略)われわれはすべて、死んだごとき者であるのに、生命へと呼び出されたのである。皆、役に立たない人間であるのだ[*13]。

　教会に貢献しているように見える信徒たちは、バルトの言葉を借りると、「生きている会員」であろう。彼によれば、「教会は、神について語ることによって[同時に]、神を公に、責任をもって告白する。」[*14]のであるから、教会への奉仕に積極的に参加することによって、より具体的に責務を果たすことになる。しかし、「落とし穴」は、まさにそこにある。つまり、キリストのために行う奉仕が、悦びではなく、義務となり、その義務を果たすことによって、自己を過剰に肯定するだけではなく、義務を果たさない者を裁くようになることである。

教会の外で啓示信仰のきっかけをつくった者にとって、キリストを忘れた真面目な信徒は、彼らにとって逆に大きな躓きとなるであろう。教会の奉仕の積極的誘いに躊躇することもあるかもしれない。実際、多くの教会は、新来会者に対して暖かい態度で様々なアドヴァイスを与えていることは否定できない。また、ティリッヒが指摘するように、「会員同士の我汝関係の実現」[*15]が教会の基礎を支える間は、問題がない。しかし、教会生活に慣れている者と不慣れな者、信仰生活が長いと思っている者と信仰をまだ充分もっていない者という構図が、大なり小なり教会の中で生じ、それが各人の意識の中に定着してしまうと、キリストが忘れ去られる要因になりかねない。教会の外できっかけをもち、信仰を育んできた者にとって、キリストを忘れた「真面目な」信徒の共同体ほど、注意を要するものはないのである。

3．霊的共同体と教会

　先述した教会の二つの基本的性格と関連して、「霊的共同体（Spiritual Community）」[*16]と言う概念がある。例えば、ティリッヒによると、霊的共同体とは、イエスの顕現によって決定される人格の共同体であり、既存のキリスト教会と便宜的に区別されるものである[*17]。また、それは、信仰と愛の共同体[*18]とも言うことができ、さらに、「宗教的共同体の中に内在し、働いている力・構造」[*19]でもあると言う。つまり、教会がキリストを忘れず健全に存立している場合は、霊的共同体と教会は同じであるが、「キリストを忘れた真面目な信徒の共同体」の状態では、教会は、霊的共同体とは言えなくなるのである。

　従来のキリスト教教育は、今橋が指摘するように、共同体の中に入って、そこの宗教的環境に浸りながら、個人の内的覚醒を期待する、潜在カリキュラムに依存した教育であった。そこでは、既存の教会が前提としてあり、教会の教育力に比重をおいたキリスト教教育が展開されてきた。確かに、

教会が霊的共同体として存立しているかどうかを、明確に判断することはできない。それ故、教会を離れず、霊的共同体を教会の目標に掲げ、努力することももちろん可能であり、むしろ、そのような態度が多くのキリスト者に支持されることであろう。しかし、それはある意味で、精神的エリートができることであり、それ自体、強者の論理ではないだろうか。

この強者の論理の背景には、大木が指摘する、日本独自の共同体の特徴を克服すると言う、一種の要請が隠れていると考えられる。彼は、

日本の古い共同体は、あたかも日本の「もち」がこめ粒をくだいて潰して一体化するように、個を潰した。そうではなく、個をいかしながら、しかもなお個が超えられる、そのような可能性を問わねばならない[20]。

と述べている。つまり、大木は、教会の全体主義的性格に個人が負けず、それを乗り越えることを要求するのである。彼は、真の共同体には、個に潜む全体性との矛盾要素の止揚がなければならない、とも述べている[21]。いずれにしても、彼は、教会内の葛藤を教会内で解決しようとしているのである。さらに、大木は、教会と世界の関係を教会中心に捉えている。「教会形成の原理がすなわち世界形成の原理とならなければならない」のであり、「世界は教会になりたがっている」のである[22]。彼の考えは、共同体の圧力に屈せず、自律した強い個人の要請が軸となっている。しかし、そこには、教会を離れざるを得ず、なおかつ、信仰を捨てることもできない「死んだ会員」の行き場を見つける余地はない。

一方、ティリッヒの霊的共同体とは、まさにそのような者にとって必要な共同体であり、現実的な空間を伴わなくとも、キリストを忘れずにいられる「死んだ会員」のための「生きた」信仰の場である、と言えよう。それでは、そのような「死んだ会員」と「生きた」信仰の場をつなぐものは何であろうか。それは、例えば個人と共同体をつなぐものとしての宗教的象徴や聖霊の働きである。個人は、信仰を育む段階で様々な疑問をもち、

答えを求める。しかし、ヤスパース哲学からもわかるように、明確な答えを個人のレベルで得ることはできず、仮に得たとしても、その答えは「浮遊した」状態で、まことに心許ないものである。それ故、不安と緊張を強いられ、哲学的信仰のように、それらに耐え得ることを求められる。それに対して、ティリッヒは、実存主義が答えを与えることができず、教会が答えを与える機能をもつと述べている[23]。ここで言う教会とは、霊的共同体としての教会である。個人と共同体は、このように、問いと答えと言う関係の中でつながりをもっている。つまり、共同体が答えを与えるのである[24]。「生きた」信仰の場には、イエス・キリストと言う答えがあり、それは、啓示による回答である。答えは、ティリッヒによれば「イエスの顕現」であり、バルトによれば「イエスによる召命」と言うことができる。また、本書では、「イエスの実在性をもった迫り」という表現を用いた。

霊的共同体の立場を再考すると、次のような具体的な特徴を指摘することができる。例えば、キリストが先であり、決して制度を優先させない共同体である。また、それは、キリストを忘れない共同体であり、「死んだ会員」が「生きる」ことができる場である。そして、最も重要なことは、共同体の権威の所在が、イエス・キリストであり、制度や集団ではないことを自覚することである。霊的共同体の場は、先述のように、実際上は、本来的教会の姿と一致すべきものである。

4．個人と共同体をつなぐ祈り

従来の教会におけるキリスト教教育では、教会生活に挫折し、教会を離れて独自の信仰生活を歩む者や、最初から教会に行かない「キリスト者」[25]に対して、有効な手立てをとることができているとは言えない。例えば、武田清子の『土着と背教』には、キリスト教の土着化のタイプが記されているが、その中で「背教型」[26]に属するものがこれに該当する。彼らが現状に留まることなく、さらに既存の教会に力となるためには、様々な課題が

あるが、少なくとも最初の段階において、個人が既存の教会の前に霊的共同体に属しているという意識をもつことが必要であろう。その意識形成において、少なくとも次の二点が重要であると考える。

　第一に、霊的共同体に属している実感を「安心感 (Geborgenheit)」として得ることである。主に、子どもとキリスト教の関係を説いているシントラーによると、この安心感とは、子どもが両親から得るような、自分が大切にされていると言う意識である[*27]。しかし、先の「キリスト者」たちにとって、むしろ、自分は教会の外にいて疎外感を味わっていると考えるのが普通であろう。しかし、この疎外感は、人間関係の分離において生じるものであっても、神と自己の間の精神的・霊的つながりを分断することを意味してはいない。シントラーは、安心感を得るにあたって、儀式における祈りの文言の重要性を指摘している[*28]。儀式は、教会の礼拝の中でなされるものであり、その祈りの文言は、共同の行為を象徴している。例えば、祈りの中で「キリストの御名によって」と言う文言を加えることにより、その祈りは、キリスト教信仰をもつ者に共通の祈りとなるのである。この祈りのもつ共通性は、たとえ孤独な一人の祈りであっても、霊的共同体の一員であることを示すものである。今橋は、教会教育の立場から祈りの形態について、次のように言及している。

　　個人の祈りは、折にふれて自由な内容を自由な言葉で祈るところのインフォーマルなものが多いが、その場合にも、公同的な祈りからまったく分離した祈りということはありえない[*29]。

　つまり、祈りには、たとえ一人であっても霊的共同体に属していることを実感する機能があると言えよう。

　第二に必要なことは、祈りの中で、他者への意識をもつことである。祈りにおける他者とは、神であり、また隣人である。神は、祈りを聞く相手として自己との応答関係に欠くことのできない存在である。日々の営みの感謝や願いは、神に向かって祈られている。その際、神は、自己にとって

終章　個人と共同体の関わり

近い存在であり、イエスを通して人格的関係の中で応答する存在である。祈りが瞑想と異なる点はここにある。ヤスパースは、両者の違いを超越者を感得する相違の中で特徴づけている。先述したように、彼は人格神を認めていないため、人格的応答関係に基づいた祈りを容認しない。その代わり、「実存的瞑想(existentielle Kontemplation)」という方法によって、暗号の中に直観的に超越者との連関の可能性を見出している[*30]。教会の外にいる者にとっては、神と自己との連関の形成を、ヤスパース哲学の瞑想に求めるのではなく、逆に、暗号から啓示へ転換していく道をたどるため、人格を通しての神との応答関係を重視する。つまり、祈りによって神との応答関係を自覚するのである。

　また、他者のもう一つの形態である隣人についてはどうであろうか。隣人に対する意識は、一人で祈る場合、隣人のために祈る、いわゆるとりなしの祈りにおいて明確にされる。家族や友人だけではなく、人類全体の幸福を祈る時、祈る本人は、祈りの中で彼らと共にいることを実感することができる。このような他者への意識を抜きにした祈りは、容易に個人の情操的教育の手段に成り下がる危険がある。神へ向かわない祈りは、キリスト教的な祈りとは言えず、また、隣人を抜きにした祈りは、神の愛が注ぐ対象を自己に限定する利己的な態度を準備することになり、霊的共同体の意識を育むことができない。今橋は、キリスト教教育における祈りは、極めて共同体の問題であり、教会教育的な課題であると述べている[*31]。

　以上から、個人が霊的共同体に属している実感を得るためには、祈りにおいて安心感と他者への意識をもつことが必要であることが説明された。しかし、これに対して次のような批判が有り得る。つまり、祈りを通して個人が安心感と他者への意識をもったからといって、本当に霊的共同体に属していると言えるのか、と言う批判である。換言すると、自己と神との関係を、即、個人と共同体の関係に置き換えることが可能か、と言うことである。これは、神が聖霊によって共同体に受肉していると言う秘義を、理論的に解明できるかどうかに関わってくる神学的課題である[*32]。三位一体と受肉、そして、聖霊が祈りのどの要素に機能し、個人と共同体を媒介

する根拠を与えているのかが、さらに問われなければならない。同時に、これらの課題は、神学者のみならず、哲学者そして教育学者らの共同研究によって、学際的視点から、実践的理論を構築する中で解決されるべきものであろう。

〈註（終章）〉
1. Hans Saner: *Jaspers*, Robild Romono Rographien, 1987, S. 11
2. ibid., S. 12
3. PGO, S. 90, 477
4. PGO, S. 77, cf. Pfeiffer, Helmut: *Gotteserfahrung und Glaube*: Interpretation und theologische Aneigung der Philosophie Karl Jaspers'. Trierer Theologische Studien, Bd 32 Paulinus Verl. trier, 1975, S. 206
5. Pfeiffer, S. 207
6. Roth, Guenther: *Philosophischer Glaube und Offenbarungsglaube bei Karl Jaspers*, in: Philosophie der Freiheit, (hrsg.v.) Rudolf Lengert, Oldenburg, 1983, S. 33
7. Pfeiffer, S. 154, 206
8. ibid., S. 147
9. 佐藤敏夫著『キリスト教組織神学事典』東京神学大学神学会編 1992 年 p. 269
10. SysIII, p. 208
11. SysI, p. 171
12. 鈴木正久編『バルト教会教義学・解説シリーズIII/4 キリスト教倫理III 生への自由』新教出版社 1955 年、p. 121
13. ibid., p. 122
14. バルト著『教会教義学』神の言葉 I/1 p. 5
15. SysIII, p. 228
16. ibid., p. 162
17. ibid., p. 194, 273
18. ibid., p. 221
19. ibid, p. 162
20. 大木英夫著『新しい共同体の倫理学（下）』教文館 1994 年 p. 168
21. ibid.
22. ibid., pp. 214-215, p. 226
23. TC, p. 72
24. ティリッヒは、問いと答えの捉え方を「相関の方法(method of correlation)」として、次のように説明している。
「相関の方法は実存的な問いと神学的な答えとの相互依存を通してキリスト教信仰の内容を説明する。」(SysI, p. 60)
25. シュナイダースによると、ヤスパースは自らを全くのキリスト者と自覚し、真のキリスト教信仰の完成として哲学的信仰を捉え、自らを教会内の「異端者(Ketzer)」と呼んでいたと言う。cf. Schneiders, Werner: *Karl Jaspers in der Kritik*, H. Bouvier und Co. Verlag, Bonn, 1965, S. 243 ff.

26．本書　第 2 章参照。
27．レギーネ・シントラー著『希望への教育』（加藤善治ほか訳）
　　日本基督教団出版局　1992 年　pp. 74-75
28．ibid., cf. 76-77
29．今橋　朗著「祈り」in:『キリスト教教育辞典』高崎毅ほか編
　　日本基督教団出版局　1969 年　p. 25
30．PhIII, S. 152 ff, PGO, S. 220
31．今橋、pp. 24-25
32．熊野義孝著「祈り」in:『キリスト教組織神学事典』東京神学大学神学会編
　　1992 年　pp. 14-17

〈附録1〉
ヤスパースと三人の神学者たちの生涯と接点

　ここでは、ヤスパースとブルトマン、バルトそしてティリッヒの生涯の中で、実際に彼らが出会い、また議論を闘わせた事柄を確認し、学問を通してだけでは見えない彼らの人間像に、少しでも触れることを試みたい。神学者同士の接点は、他書に譲ることとし、ヤスパースと三人の神学者たちが、それぞれどのような接点をもったのかを検証する。さらに、彼らの人生上の重要事項（家庭環境、結婚、職歴等）を簡潔にまとめた。

１．ヤスパースと三人の神学者たちの出会い

　ヤスパースとバルトは、哲学と神学の相違はもとより、同じバーゼル大学を職場とし、実際に、様々な対立があったと考えられる。ヤスパースが1948年にバーゼル大学教授に就任した時、バルトは、すでに同大学に1935年から奉職していた。彼は、ヤスパースより3歳ほど若いものの、バーゼル大では先輩格であった。二人の関係は、決して良好とは言えなかったと思われる。例えば、1958年、バルトは、ドイツ出版協会平和賞の受賞者に決定したが、ホイス大統領が干渉し、ヤスパースに変更になった。また、1960年に行われた、バーゼル大学創立500年記念祝賀会のもち方について、バルトは、東独側の大学関係者も招待すべきだとして、ヤスパースらと対立したと言われている。また、バルトがヤスパースに宛てた手紙(1953.2.21.)には、彼らの対立が、個人的なものというよりは、むしろ、バーゼル大学内の哲学部と神学部の争いを背景にしていることを示している。

(略) [二階の] 第二講義室は、一本学で使っていただける最も大きな教室ですが、これがあなた (ヤスパース) の公の活動の (略) 場所でした。他方私 (バルト) は、それよりは少し小さい [その真下の一階の] 第一講義室に、したがって直接、文字通り、あなたの足下に (略) 私自身の活動の場所を持っていました。(略) バーゼルの人たちは、相当はっきり意識して、私共 (ヤスパース、バルト) をこの二人 (ベルリン大学のヘーゲルとシュライアーマッハー) になぞらえてきましたが—おそらく、この位置関係は、これと同じか似たものであるか、それともまったく逆の関係であったことでしょう。はたしてどちらが奴女卑 (アンキラ) であるかをめぐる《学部の争い》は、既に以前から、それぞれの側に立つ人たちによって、それぞれの側に答えが出されてきました。しかしこの問題は、専門の学者の間でというよりは、暇をもてあました傍観者たちの間の争いになっているようですから、私共二人としましては、この争いに巻き込まれないようにしたいものと存じます。(略)

(ブッシュ、p. 498)

　さて、ブルトマンは、ヤスパースと特に「非神話化」問題で論争した。1953 年 5 月にバーゼルで行われた自由主義神学者たちとの集会で、ヤスパースがブルトマンの学説を徹底的に批判したことに端を発する。ブルトマンは、スイスの神学誌 (Schweizerischen Theologischen Umschau 1953, Nr. 3/4, S. 74-106) で、ヤスパースの論述を読み、早速反論した。二人の議論は、先述のように『聖書の非神話化批判』と題し、共著で 1954 年に出版された。

　3 人の神学者の中で、ほとんどヤスパースと直接的な接点をもたなかったのがティリッヒである。しかし、シェリング研究で哲学の学位を最初にとった彼は、学問的にはヤスパースと最も近い位置にいたと言える。1954 年に、シェリングが逝去した場所である、バート・ラーガツで予定されていたシェリング没後 100 年記念の行事に、ヤスパースとマルセル、シュタイガーらが出席し、ティリッヒもそこで発表する依頼を受けていた。彼は、他の予定を優先し、結局、ヤスパースと会うことはなかった。

2．家庭環境

　ヤスパースと3人の神学者たちは、4人とも1880年代の生まれである。ヤスパースは、1883年2月23日に北ドイツのオルデンブルク市に生まれ、父（カール・ヤスパース）は銀行家であり、教養豊かな紳士であった。母（ヘンリエッテ・タンツエン）は愛情深く、賢明な配慮をもった家柄の良い女性であった。プロテスタントの家庭であったが、宗教よりむしろ「理性と信頼と誠実」を重視する自由な雰囲気で彼は育った。

　ブルトマンも、同じくオルデンブルクの出身であるが、その近郊のヴィーフェルステーデと言う静かな農村の生まれである。（1884年8月20日）父（アルトゥール・ブルトマン）は、ルター派の牧師であり、祖父も宣教師、母（ヘレーネ）方の祖父も、バーデン州の牧師というプロテスタントの伝統を受け継いだ家系であった。

　バルトは、ブルトマンと同年の1886年5月10日に、スイスのバーゼル市で生まれた。彼の父（ヨハン・フリードリッヒ・バルト）は、アーラウ州の改革派教会の牧師であり、同年始めに、バーゼルの牧師養成神学校の教師として招かれていた。その3年後に、ベルン大学神学部で教鞭をとった。バルトは、父の影響もあり、聖書を文字通り肯定して信じる、保守的な家庭と教会で育ったのである。母方の祖母は、名家（ブルクハルト家）の出身であった。父が思慮深く、控えめな性格なのに対し、母（アンナ・カタリーナ・サルトリウス）はエネルギッシュで活発な女性であったと言う。

　ティリッヒは、1886年8月20日に当時ドイツ領（現在ポーランド）のシュータルツェッデル村に生まれている。彼の父（ヨハネス・オスカー・ティリッヒ）は、ルター派の牧師であった。父は、瞑想的で責任感が強く、権威を重んずる人物であったと言われている。さらに、ティリッヒが小さい頃から、父は彼に哲学の問題を議論させていたと言う。母（ヴィルヘルミーナ・マティルダ）は、父と正反対の性格で、生に対する強い欲求をもった民主的な女性

であった。両親の相反する性格や哲学と神学の素養は、後のティリッヒの学問に大きく影響したと考えられる。

　ちなみに、この4人の中で一番長生きしたのは、ブルトマン（91歳）であり、次がヤスパース（86歳）、そしてバルト（82歳）、ティリッヒ（79歳）である。

3．結　　婚（伴侶）

　ティリッヒは、2回結婚をしている。最初は、マルガレーテ・ヴェーバー（1914-21）、次にハンナ・ヴェルナー（1924-）である。マルガレーテとの離婚の原因は、第一次世界大戦に、ティリッヒが出征したことで仲が疎遠になったことと、彼女の自由奔放な行動であると言われている。彼は、17歳で母親を亡くし、その面影を2歳下の妹ヨハンナに求めていた。最初の妻マルガレーテは、ヨハンナにその容姿が似ていたと言う。また、ヨハンナが産褥で死んで欝状態にあったティリッヒは、2番目の妹エリザベートの進めで舞踏会に出席したが、そこでハンナと出会う。彼女の名前が失き妹と共通であると言うことに運命的なものを感じたと言われている。彼女との結婚生活も、決して安定していたものとは言えなかったようである。

　ヤスパースは、生涯一人の女性を愛した点で、ブルトマンやバルトと同じであるが、戦時下の状況における壮絶さでは比べものにならない。彼は、1907年に友人のエルンスト・マイヤーの姉ゲルトルート・マイヤーと出会い、たちまち恋いに落ちた。彼は、その時の状況を「彼女を訪問した時、私は稲妻のような何ものかに打たれた。(略)あたかも、以前から結び合わされていた二人の人間がこの瞬間に出会ったようであった。」(『運命と意志』p.38)出会って3年後の1910年に、ヤスパースは彼女と結婚する。彼女は、単なる伴侶としてではなく、ヤスパース哲学の形成に実質的に深くかかわっている。彼自身、「(略)もし私の哲学がある深さをもっているとすれば、その深みはゲルトルートなしには決して到達されなかっただろうと信じて

いる。」と回顧している。(ibid., p. 39) しかし、彼女は、ユダヤ人であったため、ヤスパース夫妻は、ナチスの圧制にさらされることになる。彼らは、海外への移住も考えたが、彼女は、ヤスパースの病気や外国語などの難点を考え、移住には積極的ではなかった。(1939年2月7日の日記より、ibid., p. 228) また、ヤスパースは、移住に関して随分悩んだが、ナチスの迫害が激しくなってきた当時でも、国内に留まり、そして離婚して生き延びるよりも二人で死んでいく方を選んだ。(1940年3月11日、1942年8月14日の日記より、ibid., pp. 254-255, p. 261) ゲルトルートは、ヤスパース哲学の実存を、具体的に示した人物であったと言える。

　バルトは、ジュネーブで堅信礼教育を受講していた生徒の一人、ネリー・ホフマンと知り合い、1911年に婚約し、1913年に結婚した。彼女は、バイオリニストであり、17歳の時にフランス語の勉強のためにジュネーブに来ていた。(『カール・バルト』p. 40) 彼女について、詳細は不明であるが、結婚した翌年、1914年に長女フランツィスカが生まれ、翌1915年に長男マルクース、さらに1917年に次男クリストフが誕生している。また、1921年に三男マティーアス、1925年に四男ハンス・ヤーコプが誕生し、幸せな家庭を築いた。

　ブルトマンは1916年にブレスラウ大学の員外教授に就任した当時、結婚している。相手は不明である。三人の娘に恵まれたと言われている。(『ブルトマン』p. 32, 35)

4．職　　歴

　ティリッヒは、1910年にブレスラウ大学で哲学の学位を取得後、1912年モアビットで副説教師に就任し、また1914年に従軍牧師として戦場に渡った。その後、1916年、29歳の時にハレ大学で私講師に就任した。さらに1919年ベルリン大学私講師、1924年、マールブルク大学員外教授となり、1925年、ドレスデン工科大学の宗教学教授となった。(当時39歳) その後、ライ

プチヒ大学で組織神学教授(1927年)、フランクフルト大学で正教授(1929年)となった。しかし、ナチスの弾圧で、1933年にフランクフルト大学を46歳で免職となり、ラインホルト・ニーバーの助けにより、1934年にニューヨークのユニオン神学校に客員教授として招かれた。母国語以外で自分の思想を表現することの困難さは、想像に難くない。(この点はパウクの著書『パウル・ティリッヒ―生涯―』によく描かれている。)彼の学者としての名声は、ユニオン神学校時代に不動のものとなったが、彼が定年後、ハーバード大学の教授となる時 (1954年) には、彼の思想は「理解しがたいわ言」(パウク、p. 302)と批判されていた。彼は、常に自分の思想を評して「境界に立つ」と言っていた。宗教と哲学、キリスト教と文化、そして、アメリカとドイツの狭間で視野を広くもちながらも、自分の立つ場所を見つけ、それを深めて言った学者であった。

　ブルトマンは、マールブルク大学で26歳の時に神学の学位を取り、28歳で初めて私講師として教鞭をとり、その後、1916年にブレスラウ大学の員外教授(32歳)、1920年にギーセン大学の新約学の正教授(36歳)に就任するが、再びマールブルク大学に戻ってくる。彼は、そこで約30年間勤めている。ブルトマンは、ナチス政権の圧制で免職を余儀なくされた他3人と比べて、かなり安定した生涯を送ったと言える。(cf. ハイデッガーは1922年マールブルク大学教授に就任し、ブルトマンと親交を深めている。)

　バルトは、1908年にマールブルク大学で牧師資格最終試験に合格し、翌1909年に、ジュネーブの改革派教会で牧師補になっている。しばらく牧師職に従事した後、1921年かれが35歳の時に、ゲッティンゲン大学に教授として就任し、1925年にミュンスター大学の神学部教授、1930年にボン大学の組織神学教授となった。しかし、ナチスの弾圧のため、1934年49歳の時にボン大学を免職となる。翌1935年に、バーゼル大学の員外教授になり、その後82歳で人生を終えるまで、バーゼルで大学教授として、また、牧師として働いた。バルトは、他の3人と比較して、最もナチスに激しく抵抗し、また教会闘争の重要な役割を果した。彼の積極的な行動は、彼が隣国スイスから情報を発信できたため可能であったと考えることもできよう。

しかし、これは必ずしも正確とは言えない。何故なら、バルトは、バーゼルに滞在していた時にも、いくつかバーゼル当局から制約を受けていたからである。例えば、1941年7月6日、13日に行った、スイス建国650年記念の講演（「全能者なる神の御名によって」）のパンフレットが発禁処分となっている。（「スイスからイギリスへの手紙」も発禁処分）さらに、1942年4月に、バーゼル大学評議会からBBCの放送の件で訓戒処分を受けている。（内容は、1941年12月にドイツのキリスト者、1942年4月にノルウエーのキリスト者へのメッセージに関するものと思われる。）彼は、スイスで生まれ、スイスで没しているが、生涯を通じてドイツや他のヨーロッパ諸国、そして、全世界のキリスト者に励ましと希望のメッセージを送り続けた牧師であり、神学者であった。

　ヤスパースは、1907年に24歳で医師国家試験に合格し、ハイデルベルク大学で医学の学位を取得する。その後、1913年、心理学で教授資格をとり、翌年、31歳の時にハイデルベルク大学で心理学の私講師となる。ここまでは、心理学・医学者として順風満帆であったが、大学の研究室での人的交流や伴侶のゲルトルート・マイヤー、社会科学者マックス・ウエーバーらの影響もあり、また、当時の代表的哲学者リッケルトとの対立もあり、(1920年)彼独自に哲学を探究することを目指した。彼は、1922年39歳でハイデルベルク大学の哲学正教授となる。正教授となった年齢としては、ブルトマン(36歳)、バルト(35歳)、そしてティリッヒ(39歳)と比較してもさほど遅いとは言えない。1933年に、彼はナチスの弾圧により、大学運営から閉め出され、1937年、彼が54歳の時に、ハイデルベルク大学から免職される。翌1938年以降、公の活動が禁止された。終戦後の1945年、ハイデルベルク大学に復職し、戦後の大学改革に着手するが、まもなく1948年にバーゼル大学へ招かれ、1961年78歳で退職し、86歳で生涯を閉じるまでバーゼルに留まった。ヤスパースは、幼少の頃から病身（気管支拡張症・二次的心不全）であり、常に死を意識しつつ、人間の存在を医学や哲学を通して見つめ続けた哲学者であった。同世代のハイデッガーが、ギリシア哲学の伝統や現代の現象学の流れから、人間存在を実存的に分析したことと比較すると、ヤスパースは、自らの存在自体や周りの人々との経験から生み出された哲

学を編みだしたと言えるであろう。その意味で彼は、静的な哲学ではなく、動的な哲学する行為を実践した学者であった。

〈参考文献〉

カール・ヤスパース
『運命と意志』(林田新二訳) 以文社 1983 年
 (Jaspers, Karl: *Schicksal und Wille*, Autobiographische Schriften, [hrsg. v.] Hans Saner, R. Piper & Co., 1967)
ハンス・ザーナー著『ヤスパース』(重田英世訳) 理想社 1973 年
 (Saner, Hans [hrsg. v.] : *Karl Jaspers*, mit Selbstzeugnissen und Bilddokumenten dargestellt von Hans Saner, rowohlts monographien begründet von Kurt Kusenberg [hrsg.v.] Klaus Schröter, 1987)

ルードルフ・ブルトマン
熊澤 義宣著『ブルトマン』日本基督教団出版局 1987 年

カール・バルト
エーバーハルト・ブッシュ著『カール・バルトの生涯』(小川圭治訳) 新教出版社 1989 年
 (Busch, Eberhard: *Karl Barths Lebenslauf*, Nach seinen Briefen und autobiographischen Texten. Chr. Kaiser Verlag, München, 1978)
カール・クーピッシュ著『カール・バルト』(宮田光雄・村松恵二訳) 新教出版社 1994 年
 (Kupisch, Karl: *Karl Barth in Sebstzeugnissen und Bilddokumenten*, J.F. Steinkopf Verlag, 1977)

パウル・ティリッヒ
ヴィルヘルム&マリオン・パウク著『パウル・ティリッヒ—生涯—』(田丸徳善訳) ヨルダン社 1979 年
 (Pauck, Wilhelm and Marion: *Paul Tillich His Life & Thought*, Vol. 1. Life, Harper & Row, Publishers, New York, 1976)

〈附録2〉 略年譜

*略字(ヤ＝ヤスパース、ブ＝ブルトマン、テ＝ティリッヒ、バ＝バルト、( )内は年齢)

〈1880～89年〉

1883.2.23.	ヤスパース、ドイツのオルデンブルク市に生まれる。(父は銀行家)
1884.8.20.	ブルトマン、ドイツのオルデンブルク市に生まれる。(父はルター派牧師)
1886.5.10.	バルト、スイスのバーゼル市に生まれる。(父は神学校の教師)
1886.8.20.	ティリッヒ、ドイツのシュータルツェッデル村(現ポーランド)に生まれる。(父はルター派牧師)

〈1890～1899年〉

1892.	ヤ(9)オルデンブルクのギムナジウム入学。(～1901)
1892.	バ(6)ベルンのギムナジウム入学。
1895.	ブ(11)オルデンブルクのギムナジウム入学。
1898.	テ(12)ケーニヒスベルクのギムナジウムに入学。(～1901)

〈1900～1909年〉

1901.	ヤ(18)ミュンヘン大学に入学。(法律専攻)
1902.	ヤ(19)イタリア旅行。医学へ転向決意。ベルリン、ゲッチンゲン、ハイデルベルク大学に学ぶ。
	バ(16)堅信礼を受ける。神学者になる決意。
	テ(15)堅信礼を受ける。(3.23.)
1903.	バ(18)ドイツ(フランクフルト、ケルン)旅行。ベルン大学に入学。(神学専攻)
	ブ(19)テュービンゲン大学に入学。(神学専攻)
1904.	テ(17)ベルリン大学に入学。(神学専攻)シェリング哲学に触れる。
1905.	ブ(21)ベルリン大学に学ぶ。グンケル、ハルナックの影響受ける。
	テ(18)テュービンゲン、ハレ大学に学ぶ。
1906.	バ(20)ベルリン大学に学ぶ。カフタン、グンケル、ハルナックらの講義受ける。

〈附録2〉略年譜

	ブ(22)マールブルク大学に学ぶ。ユーリッハー、ヴァイス、ヘルマンらの影響受ける。臨時の高校教師となる。(〜1907)
1907.	ヤ(24)ゲルトルート・マイヤーと知り合う。医師国家試験に合格。
	テ(21)ベルリン大学に学ぶ。
1908.	ヤ(25)精神病理学を研究。(ハイデルベルクの精神医学臨床教室のニッスル教授の助手として)
	バ(22)マールブルク大学に学ぶ。ブルトマン、トゥナイゼンらと知り合う。牧師資格最終試験に合格。
1909.	ヤ(26)医学の学位取得。フッサールやマックス・ウェーバーと知り合う。
	バ(23)ジュネーヴの改革派教会の牧師補になる。

〈1910〜1919年〉

1910.	ヤ(27)ゲルトルート・マイヤーと結婚。
	テ(23)ブレスラウ大学にて哲学博士の学位受ける。(「シェリングの積極哲学における宗教史の構成」)
	ブ(26)マールブルク大学にて神学博士の学位受ける。(「パウロの説教の文体および犬儒派(キニコス)、ストア派のディアトリベー」)
1911.	バ(25)ザーフェンヴィルの教会で牧師任職式。ネリー・ホフマンと婚約。労働者協会で「イエス・キリストと社会運動」の講演(12.17)
1912.	テ(25)モアビットの副説教師就任。
	ブ(28)マールブルク大学新約学私講師就任。(就職論文「モプスエスティアのテオドロスの釈義」)
1913.	ヤ(30)心理学の教授資格取得(ヴィンデルバントのもとで)。キルケゴールに触れる。『精神病理学総論』出版。
	バ(27)ネリー・ホフマンと結婚。アールガウ州牧師連盟で「人格神への信仰」の講演(5.19)
1914.	ヤ(31)私講師になる(ハイデルベルク大学の心理学)。
	テ(28)マルガレーテ・ヴェーバーと結婚。従軍牧師として出征。
1916.	ヤ(33)員外教授になる(ハイデルベルク大学の心理学)。
	バ(30)『ローマ書』草稿開始。
	テ(29)私講師になる(ハレ大学)。

	ブ(32)ブレスラウ大学助教授（員外教授）に就任。結婚。
1918.	バ(32)『ローマ書』出版。
1919.	バ(33)タンバッハの宗教社会主義運動の集会に参加し、「社会の中のキリスト者」の講演(9.22〜25)。フリードリッヒ・ゴーガルテンらと知り合う。
	テ(32)私講師になる（ベルリン大学）。
	ヤ(36)『世界観の心理学』出版。

〈1920〜29年〉

1920.	テ(34)マルガレーテ・ヴェーバーと離婚。
	ヤ(37)リッケルトと決裂。
	ブ(36)ギーセン大学新約学正教授に就任。
1921.	バ(35)ゲッティンゲン大学教授就任。
	ヤ(38)ハイデルベルク大学の員外教授就任。（哲学）『マックス・ウェーバー』出版。
	ブ(37)マールブルク大学新約学正教授に就任。『共観福音書伝承史』発行。（様式史的方法を提唱）
1922.	テ(35)『大衆と精神』出版。
	バ(36)ミュンスター大学より名誉博士号授与。
	ヤ(39)ハイデルベルク大学の正教授就任。（哲学）『ストリンドベルクとファン・ゴッホ』出版。
	ブ(38)ハイデッガーと親交深める。（ハイデッガーは同年マールブルク大学教授に就任。）
1923.	テ(36)『対象と方法に従った諸学の体系』出版。
	バ(37)ハルナックと論争。（「キリスト的世界」誌上にて）ティリッヒと対論（11月）
	ヤ(40)『大学の理念』出版。
1924.	テ(37)ハンナ・ヴェルナーと結婚。
	マールブルク大学員外教授就任。
	バ(38)ブルトマンの講義聴講。
	『神の言葉と神学』『死人の復活』『来たれ、造り主なる御霊よ』出版。
	「キリスト教の教育―プロレゴーメナ」と題した教義学の講義開始。

　　　　　　ブ(40)論文「自由主義神学と最近の神学運動」発表。(弁証法神学者としての立場表明。)
　　　　　　『イエス』出版。
1925.　　　テ(38)論文「宗教哲学」出版。
　　　　　　テ(39)ドレスデン工科大学宗教学教授就任。
　　　　　　ハレ大学より名誉博士号授与。(12月)
　　　　　　バ(39)ミュンスター大学神学部教授に就任。
1926.　　　テ(39)『カイロスとロゴス』『現代の宗教的状況』『魔的なもの』出版。
　　　　　　バ(40)ドイツ国籍取得(スイスと二重国籍)。ミュンスターで転落事故。
1927.　　　テ(40)ライプチヒ大学で組織神学を教える。(～1929)
　　　　　　バ(41)『キリスト教教義学試論』(序論脱稿)同年『神の言葉の教説』第一巻として出版。
1928.　　　バ(42)『神学と教会』出版。
1929.　　　テ(42)フランクフルト大学正教授就任。社会民主党入党。

〈1930～1939年〉
1930.　　　バ(44)ボン大学組織神学教授就任。
　　　　　　グラスゴー大学から名誉神学博士号授与。
1931.　　　バ(45)ドイツ社会民主党に入党。
　　　　　　『教会教義学』I/1のもとになる講義開始。
　　　　　　シャーロッシュパタク改革派神学校(ハンガリー)から名誉博士号授与。
　　　　　　ヤ(48)『現代の精神的状況』『哲学』(三巻)出版。
1932.　　　テ(46)『社会主義的決断』出版。
　　　　　　バ(46)『教会教義学』I/1(「神の言葉の教説」)出版。
1933.　　　テ(46)フランクフルト大学教授職の停職処分受ける。(4月)
　　　　　　ヤ(50)ナチスにより大学運営から締め出される。
　　　　　　バ(47)『今日の神学的実存』出版。(36年発禁)ヒットラーに送付。
　　　　　　　ブルトマンと意見交換。(神学と教会の現状について11月11～12日)
　　　　　　ブ(49)『信仰と理解』第一巻出版。
1934.　　　テ(47)ユニオン神学校客員教授就任。

	バ(48)バルメンで《自由教会会議》のために起草した神学宣言採択。
	バ(49)ボン大学神学教授としての職務停止命じられる。
	ブ(50)告白教会に所属する意志明白にする。
1935.	テ(48)『境界に立ちて』出版。
	バ(49)『我信ず』出版。
	バーゼル大学員外教授就任。
	ヤ(52)『理性と実存』出版。
1936.	バ(50)ユトレヒト大学(オランダ)より名誉博士号授与。
	『神学論集－カール・バルト50歳誕生記念』出版。
	ヤ(53)『ニーチェ』出版。
1937.	テ(50)ユニオン神学校準教授就任。
	ヤ(54)ナチスにより教授職から追放。『デカルトと哲学』出版。
	バ(51)クラウゼンブルク大学より名誉教授の称号受ける。
	『教会教義学』I/2 完成。
	セント・アンドリューズ大学(スコットランド)より名誉法学博士号授与。
1938.	バ(52)『教会教義学』I/2 出版。
	バーゼル大学神学部学部長に就任。
	オックスフォード大学より名誉神学博士号授与。
	バルトの全著作がドイツ国内で禁書となる。
	ヤ(55)『実存哲学』出版。(大戦終了まで出版活動禁止)
1939.	バ(53)『教会教義学』II/1(神論)完成。
	ミュンスター大学、バルトから名誉神学博士号剝奪。

〈1940～1949年〉

1940.	テ(53)エール大学で名誉博士号授与。(6月)
	テ(54)ユニオン神学校正教授就任。(9月)
	バ(54)国境警備の歩哨勤務に志願し着任。(4～5月)
	『教会教義学』II/1 出版。
1941.	ブ(57)論文「新約聖書と神話論」発表。(非神話化提唱)
	『ヨハネ福音書』注解書を出版。
1942.	バ(56)『教会教義学』II/2(「神の恵みの選び」「神の戒め」)校正。
	バーゼル大学評議会から訓戒処分。(BBCの放送の件)

1945.	ヤ(62)ハイデルベルク大学に復職。『罪の問題』講義
1946.	バ(60)ボン大学客員教授として講義開始。(後に『教義学要綱』として刊行)ミュンスター大学バルトに名誉神学博士号再授与。
	ヤ(63)『罪の問題』『ヨーロッパ精神について』『ニーチェとキリスト教』出版。
1947.	バ(61)『教会教義学』III/2完成。『19世紀のプロテスタント神学』出版。
	ヤ(64)バーゼル大学で「哲学的信仰」を講義。ゲーテ賞受賞。『真理について』(哲学的論理学第一巻)出版。
1948.	テ(61)『プロテスタントの時代』『地の基ふるい動く』出版。
	ヤ(65)バーゼル大学教授就任。『哲学的信仰』『哲学と科学』出版。
	ブ(64)『新約聖書神学』出版。(1953年に全3巻完成)
1949.	バ(63)『教会教義学』III/3完成。
	ヤ(66)「哲学入門」(バーゼルのラジオ講座で放送)。『歴史の起源と目標』出版。
	ブ(65)『古代宗教の枠内における原始キリスト教』出版。

〈1950～1959年〉

1950.	ヤ(67)『哲学入門』『現代における理性と反理性』出版。
1951.	テ(64)『組織神学』第一巻出版。
	ヤ(68)「哲学への私の道」(バーゼル放送2月)『弁明と展望』出版。
	バ(65)『教会教義学』III/4(創造論の「創造者なる神の戒め」)完成。
	『教会教義学』IV/1(「和解論」)完成。
	ブ(67)マールブルク大学退職。
1952.	テ(65)『存在への勇気』出版。
	バ(66)「非神話化論」について講演。(6月バーゼルの牧師達の会合)
	『ルードルフ・ブルトマン―彼を理解する一つの試み』『キリストとアダム』出版。
	ブ(68)『信仰と理解』第二巻出版。
	ヤ(69)『悲劇的なものについて』(『真理について』の一部)出版。

1953.　　　バ(67)『教会教義学』IV/2(「和解論」の「主としての僕イエス・キリスト」)の講義開始。
　　　　　　ヤ(70)『哲学者としてのリオナルド』『開いた地平』出版。
1954.　　　テ(67)ユニオン神学校退職。ハーバード大学教授就任。
　　　　　　『愛、力、正義』出版。
　　　　　　ブ(70)『新約学研究』(70歳記念論文集)出版。
　　　　　　セント・アンドリュー大学(英国)より名誉神学博士号授与。
　　　　　　ヤ(71)『非神話化の問題』ブルトマンと共著で出版。
　　　　　　バ(68)バーゼル刑務所で説教。(〜64年まで計28回)
1955.　　　テ(68)『聖書的宗教と究極的実在の探求』『新しき存在』出版。
　　　　　　バ(69)『教会教義学』IV/3(「和解論」の「真の証人イエス・キリスト」)の講義開始。
　　　　　　ヤ(72)『シェリング、その偉大さと宿命』『精神療法の本質と批判』(『精神病理学総論』の一部)出版。
1956.　　　テ(69)『信仰の動態』出版。
　　　　　　ブ(72)『マールブルク説教集』出版。
1957.　　　テ(70)『組織神学』第二巻出版。
　　　　　　ブ(73)『歴史と終末論』出版。
　　　　　　ヤ(74)『偉大な哲学者たち』『原子爆弾と人間の未来』
1958.　　　バ(72)ドイツ出版協会平和賞の受賞者に決まるが、ホイス大統領が干渉し、ヤスパースに変更。
　　　　　　ヤ(75)ドイツ出版協会平和賞受賞。(記念講演「真理と自由と平和」)
　　　　　　『原子爆弾と人間の未来─現代における政治意識』『哲学と世界』『真理と自由と平和』出版。
1959.　　　バ(73)ジュネーヴ大学より名誉神学博士号授与。
　　　　　　『教会教義学』IV/4の講義開始。
　　　　　　ストラスブール大学より名誉神学博士号授与。
　　　　　　『教会教義学』IV/3、『捕らわれ人に解放を』出版。
　　　　　　ヤ(76)エラスムス賞受賞。『理性と自由』出版。
　　　　　　ブ(75)シラキウス大学より名誉神学博士号(米国)、マールブルク大学より名誉哲学博士号授与。

〈1960〜1969年〉

〈附録2〉略年譜

1960.　　　テ(73)日本訪問。
　　　　　バ(74)バーゼル大学創立500年記念祝賀会のあり方で、東独側の大学関係者も招待すべきと主張し、ヤスパースらと対立。
　　　　　ヤ(77)バーゼル大学創立500年記念祝賀会で「真理と科学」を講演。
　　　　　『自由と再統合』『真理と科学』出版。
　　　　　ブ(76)『信仰と理解』第三巻出版。『史的イエスに対する原始キリスト教的なキリスト使信の関係』出版。
1961.　　　バ(75)『偶像が揺らぐ』出版。
　　　　　後の『福音主義神学入門』となる講義行う。
　　　　　ヤ(78)バーゼル大学退職。『プラトン・アウグスティヌス・カント』(『偉大な哲学者たち』一部)出版。
1962.　　　テ(75)ハーバード大学退職。シカゴ大学教授就任。
　　　　　バ(76)最終講義「愛」について。
　　　　　シカゴ大学より名誉神学博士授与。
　　　　　ヤ(79)『啓示に面しての哲学的信仰』『新たなヒューマニズムの条件と可能性』出版。
1963.　　　テ(76)『組織神学』第三巻出版。『永遠の今』『キリスト教と世界宗教の出会い』出版。
　　　　　ヤ(80)『ドイツ政治の死活問題』『哲学と啓示信仰』(ツァールントとの対話)『精神病理学全論集』『カール・ヤスパース、作品と影響』(80歳記念論文集)
　　　　　バ(77)ソルボンヌ大学より名誉文学博士号授与。
　　　　　ティリッヒの訪問。(12月1日)
1964.　　　バ(78)バーゼル刑務所で復活節の説教。(最後の説教となる。)
　　　　　ヤ(81)『規準を与える人々』(『偉大な哲学者たち』の一部)『ニコラウス・クザーヌス』『言葉』(『真理について』の一部)出版。
1965.10.22.　テ(79)シカゴにて逝去。
　　　　　ヤ(82)『哲学的思索の小さな学校』出版。
　　　　　ブ(81)『信仰と理解』第四巻出版。
1966.　　　ヤ(83)『連邦共和国はどこへ行く?』出版。
1967.　　　バ(81)『教会教義学』IV/4(和解論第四部の洗礼論部分を「断片」として)公刊。

	ヤ(84)『回答』(『連邦共和国論』の批判への)『運命と意志』出版。
	ブ(83)『ヨハネの手紙』注解書出版。
1968.12.9.	バ(82)バーゼルにて逝去。
	ヤ(85)『習得と論駁』出版。
1969.2.26.	ヤ(86)バーゼルにて逝去。

〈1970年以降〉

1976.7.30.	ブ(91)『コリント人への第二の手紙』(E. ディンクラー編)注解書出版。
	マールブルクにて逝去。

あとがき

　本書の着想は、私の大学生時代にまでさかのぼる。母校である国際基督教大学で、私は小さな聖書研究会をつくり、時々教授をゲストに招き、思想・信条を問わず自由に討論する場をもった。学校行事には、毎年キリスト教週間があり、全学的にキリスト教に関する学びの場を提供する機会もあった。既に高校2年生で信仰告白をした私にとって、教会の外でキリスト教に接し、信仰だけではなく、批判の対象としてキリスト教を哲学的に考察することは、ある種の冒険であり、自分の信仰を相対化する試みでもあった。

　信仰と理性は、学問の上では古典的テーマであるが、大学の学部時代の経験から、現実的に差し迫った問題として、当時の私の脳裏から離れることはなかった。そんな時、大学院の授業でヤスパースの「哲学的信仰」を講読したことが大きな転機となった。以後、私の研究は、ヤスパース哲学を切り口として信仰の在り方やその育成が中心となったのである。

　執筆するにあたって困難を極めた点は、タイトルの設定である。当初、メイン・タイトルを「キリスト教教育の実存哲学的アプローチ」にしようとした。しかし、「キリスト教教育」のもつ多義性を論述しつつ、「実存哲学的アプローチ」を、ヤスパース哲学中心で説明するには、無理があると考えた。そこで、ヤスパース哲学と代表的な現代神学であり、かつ、日本のプロテスタント神学に強い影響を与えたブルトマン、ティリッヒ、バルトの三人の神学が、教育についてどのような議論を展開し得るか考察を試みたいと思い、「ヤスパースと三人の神学者たち」とした。実際、彼らがどのように出会い、対話したかどうかは、附録を参照していただきたい。

　また、サブ・タイトルの「キリスト教教育哲学の断片」について、「キリスト教教育哲学」の定義を明確にしていないが、序論で指摘したように「キ

リスト教と教育の諸現象を哲学的に考察する立場」を、本書では意味している。キリスト教教育は、それ自体を学問的に考察する場合、キリスト教と教育の二つの立場、すなわち宗教と科学、信仰と理性の二元論を必然的に内包する。信仰と理性の二元論は、トマス・アクィナス以来、歴史的にその統合が試みられてきたが、本書はそれ自体を試みているわけではない。ただ、キリスト教教育の役割が、従来の教会や家庭を中心としたものから、それらを越えて、学校や地域にも役割が求められているのではないかと考え、その課題を果たすためには、従来の神学中心のキリスト教教育理論だけでは、特に、日本の精神的文化背景を考えた場合、困難な問題が多いのではないかと思われる。本書は、この課題に答える出発点として、哲学的立場からキリスト教教育を考察したものである。

　ヤスパース哲学とプロテスタント神学と言う、同じヨーロッパの哲学と神学は、ギリシア哲学やキリスト教の共通の思想的源泉をもち、日本の問題と無関係であると批判することも不可能ではない。しかし、近代以降の日本の哲学者や神学者、教育学者たちは、欧米の学問を日本的に解釈しつつ、「習得」してきたのである。本書の試みは、日本のキリスト教教育や教育哲学を考察する前段階として、少なからず意義があると考える。無論、日本独自の精神的背景を考察の対象に加えつつ、今後、<u>日本における「キリスト教教育哲学」</u>を展開していくことが必要となる。現代日本の精神的現象としての「無宗教」や、古来からある自然宗教的信仰心など、看過できないテーマである。

　尚、本書の記述に関して、その考察の不充分さや著者の誤解等が指摘される場合、それらすべての責任は私の浅学にある。読者からのご批判・ご教示を仰ぎ、今後の研究に活かしていきたい。

　本書に収録した既発表の論文は、以下の通りである。尚、多くの論文は、本書の文脈に合わせて、一部または多くの部分を削除・修正してある。

〈初出一覧〉

第1章　ヤスパース哲学と科学・宗教
　　　（本書書き下ろし）

第2章　ヤスパースの教育哲学
　1．実存哲学に基づく教育学の課題（本書書き下ろし）
　2．ヤスパースの交わり論が残した課題（本書書き下ろし）
　3．理性による教育
　　（「理性」による教育　―ヤスパースの「理性」と「愛」をめぐって―　教育哲学研究　第70号　教育哲学会　1994年）
　　（信仰の「覚醒」に関する一考察　―日本のキリスト教教育におけるヤスパースの「哲学的信仰」のもつ意義と課題―　キリスト教教育論集　第2号　日本キリスト教教育学会　1993年）
　4．ヤスパースの習得理論
　　（ヤスパースの習得理論　平安女学院短期大学紀要　第34号　2002年）

第3章　ブルトマンとヤスパース―聖書理解をめぐる対話―
　1．学問の対象としての聖書
　　（キリスト教教育における「つまずき」の意義　平安女学院短期大学紀要　第28号　1997年　一部抜粋）
　2．ヤスパースのイエス論―暗号としてのイエス―
　　（「暗号」としてのイエスに関する一考察　キリスト教教育論集第5号　日本キリスト教教育学会　1997年［平成8年度　文部省科学研究費　奨励(A)研究　補助］）
　3．ブルトマンのイエス論―人間観と神観―
　　（キリスト教教育における「つまずき」の意義　平安女学院短期大学紀要　第28号　1997年　一部抜粋）

第4章　ティリッヒとヤスパース―信仰をめぐる対話―
　　１．信仰と不信仰の転換点　　２．神と自己の連関形成の方法論
　　　　（信仰と不信仰の転換点に関する一考察　―ヤスパースとティリッヒを手が
　　　　かりに―　キリスト教教育論集　第7号　日本キリスト教教育学会　1999
　　　　年）
　　３．宗教的象徴と教育の神学
　　　　（現代日本におけるキリスト教教育理論に関する一考察　―「教育の神学」批
　　　　判―　教育研究41号　国際基督教大学学報I-A 1999年）

第5章　バルトとヤスパース―啓示をめぐる対話―
　　（キリスト教教育における信仰の連続的側面と非連続的側面　―バルトとヤスパー
　　ス―　平安女学院短期大学紀要　第26号　1995年［平成7年度　文部省科学研究
　　費奨励（A）研究補助］）

終章　個人と共同体―今後の日本のキリスト教教育を考える―
　　（本書書き下ろし）

　本書を執筆するにあたって、多くの先生方のご助力・ご助言を頂いた。特に、古屋安雄先生、林明道先生には、草稿原稿を読んでいただいた。心より感謝申し上げたい。また、ヤスパースに接する機会を下さった元指導教官の讃岐和家先生、公私にわたりアドバイスを下さった増渕幸男先生、松川成夫先生にこの場をかりて厚く御礼申し上げたい。
　また、出版にあたり、溪水社代表取締役の木村逸司氏には、たいへんお世話になった。心より御礼申し上げたい。

　　　　　　　　　　　　　　　　　　　　　　　　2002年
　　　　　　　　　　　　　　　　　　　　　　　　　　京都にて

　　　　　　　　　　　　　　　　　　　　　　　　　　深谷　潤

ヤスパースの参考文献

一次資料（独文・翻訳）[（ ）内は翻訳]

[ABC 順]
Allgemeine Psychopathologie, 8. Auflage, Springer-Verlag, Berlin, Heidelgerg, New York, 1965
（『精神病理学総論』上・中・下巻　内村祐之・西丸四方ほか訳　岩波書店［上巻1961年、中・下巻1960年］）
（『精神病理学原論』西丸四方訳　みすず書房　1994年）
Aneignung und Polemik, (hrg. v.) Hans Saner, R.Piper & Co., München, 1968
Aus dem Ursprung denkende Metaphysiker, Anaximander, Heraklilt, Parmenides, Plotin, Anselm, Spinoza, Laotse, Nagarjuna, R. Piper & Co., München, 1957
（『スピノザ』工藤喜作訳　理想社　1967年、『孔子と老子』田中元訳　理想社　1967年、『仏陀と竜樹』峰島旭雄訳　理想社　1983年）
Chiffren der Transzendenz, 4. Auflage, R. Piper & Co., München, Zürich, 1984（『神の暗号』草薙正夫訳　理想社　1982年）
Das Doppelgesicht der Universitätsreform, in: *Universität Zeitung*, Die deutsche Jg. 15. (H. 3), 1960, S. 3-8
Das radikal Böse bei Kant, in: *Aneignung und Polemik*, 1935
Das Wagnis der Freiheit, Gesammelte Aufsätze zur Philosophie, (hrg. v.) Hans Saner, R. Piper & Co., Verlag, München, Zürich, 1996
Denkwege, (hrg. v.) Hans Saner, R. Piper & Co., Verlag, 1983
Der Arzt im technischen Zeitalter, Technik und Medizin, Arzt und Patient Kritik der Psychotherapie, R. Piper & Co., Verlag, München, 1986（『精神療法』藤田赤二訳　理想社　1966年）
Der philosophische Glaube, 9. Auflage, R. Piper & Co., München, Zürich,

1988 (『哲学的信仰』林田新二監訳　理想社　1998 年)

Der philosophische Glaube angesichts der Offenbarung, R. Piper & Co., 3. Auflage, München, Zürich, 1984
(『啓示に面しての哲学的信仰』重田英世訳　創文社　1986 年)

Descartes und die Philosophie, Walter de Gruyter & Co., Berlin, 1937

Die Atombombe und die Zukunft des Menschen, 7. Auflage, R. Piper & Co., München, Zürich, 1983
(『現代の政治意識』上・下巻　飯島宗享・細尾登訳　理想社 [上巻 1969 年　下巻 1976 年])

Die geistie Situation der Zeit, Walter de Gruyter & Co., Berlin, New York, 1978 (『現代の精神的状況』飯島宗享訳　理想社　1986 年)

Die Frage der Entmythologisierung, (Karl Jaspers und Rudolf Bultmann), R. Piper & Co., München, 1954 (『聖書の非神話化批判』西田康三訳　理想社　1962 年)

Die großen Philosophen, 7. Auflage, R. Piper & Co., München, Zürich, 1992

Die Idee der Universität, Für die gegenwärtige Situation Entworfen von Karl Jaspers und Kurt Rossmann, Springer-Verlag, Berlin, Göttingen, Heidelberg, 1961 (『大学の理念』福井一光訳　理想社　1999 年)

Die maßgebenden Menschen, Sokrates, Buddha, Konfuzius, Jesus, R. Piper & Co., Verlag, 11. Auflage, München, 1990, in: *Die großen Philosophen* Bd. I (『ソクラテスとプラトン』山内友三郎訳　理想社　1969 年)

Die nichtchristlichen Religionen und das Abendland, in: *Philosophie und Welt*, S. 156-166, (Die großen nichtchristlichen Religionen unserer Zeit in Einzeldarstellungen. Stuttgart, 1954)

Die Schuldfrage, Von der politischen Haftung Deutschalnds, Neuausgabe, R. Piper & Co., München, Zürich, 1987
(『責罪論』橋本文夫訳　理想社　1972 年/『戦争の罪を問う』橋本文夫訳　平凡社　1998 年)

Die Wissenschaft im Hitlerstaat, in: *Rechenschaft und Ausblick*, (in: Antwort an Sigrid Undset. (Hft), Sued-Verlag, Konstanz, 1947)

Einführung in die Philosophie, R. Piper & Co., 30. Auflage, München,

Zürich, 1992 (『哲学入門』草薙正夫訳 新潮文庫 1959 年)
Erneuerung der Universität, Reden und Schriften 1945/46, (hrg. v. Renato de Rosa) Verlag Lambert Schneider, Heidelberg, 1986
Existenzphilosophie, 4. Auflage, Walter de Gruyter, Berlin, New York, 1974 (『実存哲学』鈴木三郎訳 理想社 1979 年)
Freiheit und Autorität, (バーゼルのスイス・ギムナジウム校長会議での講演 1951 年) in: *Philosophie und Welt* (1958)/in: *Universitas*, Jg. 17. Bd 1. 1962, S. 345-361
Freiheit und Wiedervereinigung, Über Aufgaben Deutscher Politik Vorwort von Willy Brandt, Mit einer Nachbemerkung zur Newausgabe von Hans Saner 2. Auflage, R. Piper & Co., München, Zürich, 1990
Hannah Arendt Karl Jaspers Briefwechsel 1926-1969, (hrg. v.) Lotte Köhler und Hans Saner, R. Piper & Co., Verlag, 2. Auflage, München, Zürich, 1987
Hoffnung und Sorge, Schriften zur deutschen Politik 1945-1965, R. Piper & Co., Verlag, München, 1965
Jesus und Augustin, in: *Die großen Philosophen*
(『イエスとアウグスチヌス』林田新二訳 理想社 1982 年)
Kant, Leben, Werk, Wirkung, R. Piper & Co., Verlag, München, 1975
(『カント』重田英世訳 理想社 1970 年)
Karl Jaspers K.H. Bauer Briefwechsel 1945-1968, (hrg. v.) Renato de Rosa, Springer-Verlag, Berlin, Heidelberg, New York, 1983
Karl Jaspers Notizen zu Martin Heidegger, (hrg. v.) Hans Saner, R. Piper & Co., Verlag, 1978
(『ハイデッガーとの対決』児島洋・立松弘孝ほか訳 紀伊国屋書店 1981 年)
Kleine Schule des Philosophischen Denkens, R. Piper & Co., München, Zürich, 1985 (『哲学の学校』松浪信三訳 河出書房新社 1981 年)
Martin Heidegger/Karl Jaspers Briefwechsel 1920-1963, (hrg. v.) Walter Biemel und Hans Saner, R. Piper & Co., München, 1992
(『ハイデッガー＝ヤスパース往復書簡 1920-1963』渡邊二郎訳 名古屋大学出版会 1994 年)

Max Weber, Einführung von Dieter Henrich, R. Piper & Co., Verlag, München, 1988

(『マックス・ヴェーバー』樺 俊雄訳 理想社 1969年)

Mein Weg zur Philosophie, in: *Rechenschaft und Ausblick*, (Radiovortrag im Feb. 1951, Basel)

Nachlass zur Philosophischen Logik, (hrg. v.) Hans Saner und Marc Hänggi, R. Piper & Co., Verlag, München, Zürich, 1991

Nietzsche, Einführung in das Verständnis seines Philosophierens, 2. Auflage, Walter de Gruyter & Co., Berlin, 1947

(『ニーチェ』上・下巻 草薙正夫訳 理想社 1972年)

Nietzsche und das Christentum, Hameln, Seifert, 1946. (R. Piper & Co., München, 1952) (『ニーチェとキリスト教』橋本文夫訳 理想社 1980年)

Nikolaus Cusanus, R. Piper & Co., Verlag, München, 1987

(『ニコラウス・クザーヌス』薗田 坦訳 理想社 1970年)

Philosophie I, 4. Auflage, Springer-Verlag, Berlin, Heidelberg, New York, 1973 (『哲学的世界定位（哲学I）』武藤光朗訳 創文社 1986年)

Philosophie II, 4. Auflage, Springer-Verlag, Berlin, Heidelberg, New York, 1973 (『実存開明（哲学II）』草薙正夫・信太正三訳 創文社 1981年)

Philosophie III, 4. Auflage, Springer-Verlag, Berlin, Heidelberg, New York, 1973 (『形而上学（哲学III）』鈴木三郎訳 創文社 1997年)

Philosophie und Offenbarungsglaube, (Karl Jaspers und Heinz Zahrnt, -Ein Zweigespräch-Furche-V., 1963 (『哲学と啓示信仰』新井恵雄訳 理想社 1966年)

Philosophie und Welt, R. Piper & Co., München, 1958

(『哲学と世界』草薙正夫・斎藤武雄ほか訳 理想社 1968年)

Philosophie und Wissenschaft, in: *Die Wandlung*, (hrg.v.) Dolf Sternberger, Dritter Jahrgang 1948 Achtes Heft, Verlegt von Lambertschneider in Heidelberg, Bei Carl Winter. Universitätsverlag, S. 721-733

Philosophische Autobiographie, R. Piper & Co., München, 1977

(『哲学的自伝』重田英世訳 理想社 1982年)

Provokationen, Gespräche und Interviews, (hrg. v.) Hans Saner, R. Piper & Co., Verlag, München, 1969

(『根源的に問う』武藤光朗・赤羽竜夫訳　読売新聞社　1970年)
Psychologie der Weltanschauungen, 2. Auflage, R. Piper & Co., München, Zürich, 1994 (『世界観の心理学』上・下巻　上村忠雄・前田利男訳　理想社　[上巻1975年　下巻1976年])
Rechenschaft und Ausblick, R. Piper & Co., München, 1951
Schelling, Größe und Verhängnis, R. Piper & Co., Verlag, München, Zürich, 1986
Schicksal und Wille, Autobiographische Schriften, (hrsg. v.) Hans Saner, R. Piper & Co., München, 1967 (『運命と意志』林田新二訳　以文社　1983年)
Spinoza, R. Piper & Co., Verlag, 2. Auflage, München, 1986, in: *Die großen Philosophen*
Strindberg und van Gogh, 4. Auflage, Bircher, München, 1977
(『ストリンドベリとヴァン・ゴッホ』藤田赤二訳　理想社　1980年)
Über Bedingungen und Möglichkeiten eines neuen Humanismus, Philipp Reclalm jun., Stuttgart, 1983
Über das Tragische, in: *Von der Wahrheit*, (『悲劇論』橋本文夫訳　理想社　1982年)
Unsere Zukunft und Goethe, in: *Die Wandlung*, (hrg. v.) Dolf Sternberger Zweiter Jahrgang Siebentes Heft 1947, Verlegt von Lambertschneider in Heidelberg, Bei Carl Winter. Universitätsverlag, S. 559-578
Vernunft und Existenz, 4. Auflage, R. Piper & Co., München, Zürich, 1973 (『理性と実存』草薙正夫訳　理想社　1982年)
Vernunft und Widervernunft in unserer Zeit, R. Piper & Co., Verlag, München, 1952 (『現代における理性と反理性』橋本文夫訳　理想社　1974年)
Volk und Universität, in: *Rechenschaft und Ausblick*, (Rundfunkvortrag, 1947, in: *Die Wandlung*, Hft 1. 1947)
Vom lebendigen Geist der Universität, in: *Rechenschaft und Ausblick*, (Zur Eröffnung der Heidelberger Professorenvorträge, Verlag Lambert Schneider, Heidelberg, 1946)
Vom Studium der Philosophie, in: *Philosophie und Welt*, (Gedruckt in der

studentischen Zeitschrift: Zofingue, Geneve, 1949)

Vom Ursprung und Ziel der Geschichte, R. Piper & Co., 9. Auflage München, Zürich, 1988 (『歴史の起源と目標』重田英世訳 理想社 1974年)

Von den Grenzen pädagogischen Planens, in: Philosophie und Welt, (in: Basler Schulblatt 13. Jg. Nr. 4. Basel, 1952)

Von der Wahrheit, R. Piper & Co., München, Zürich, 1983

 (『真理について』1 　林田新二訳　理想社　1976年)

 (『真理について』2 　小林靖男訳　理想社　1999年)

 (『真理について』3 　浜田恂子訳　理想社　1976年)

 (『真理について』4 　上妻精・盛永審一郎訳　理想社　1997年)

 (『真理について』5 　小倉志祥・松田幸子訳　理想社　1987年)

Wahrheit, Freiheit und Friede, Reden zur Verleihung des Friedenspreises des Deutschen Buchhandels 1958, R. Piper & Co., Verlag, München, 1958 (『真理・自由・平和』斎藤武雄訳　理想社　1976年)

Wahrheit und Bewährung, R. Piper & Co., München, Zürich, 1983

Wahrheit und Wissenschaft, R. Piper & Co., 1960

Was ist Erziehung? Deutscher Taschenbuch Verlag, München, 1977

 (『教育の哲学的省察』増渕幸男訳　以文社　1983年)

Was ist Philosophie? Textauswahl und Zusammenstellung von Hans Saner, Deutscher Taschenbuch Verlag, 1. Auflage, München, 1980

 (『哲学とは何か』林田新二訳　白水社　1986年)

Was können wir aus europäischem Selbstbewusstsein wollen? In: *Lust am Denken*, (hrg. v.) Klaus Piper, R. Piper & Co., Verlag 9. Auflage, München, Zürich, 1987, S. 9-22

Weltgeschichte der Philosophie, Einleitung hg. v. Hans Saner, R. Piper & Co., München, Zürich, 1982.

 (『哲学の世界史序論』渡邊二郎・門脇俊介ほか訳　紀伊国屋書店　1985年)

Wissenschaftliche Erkenntnis und Leben im denkenden Kampf der Mächte, in: Universitas. Jg. 21. 1966, S. 113-120

Wohin treibt die Bundesrepublik? R. Piper & Co., Verlag, München, 1966

2次資料（独文・英文）

[A]

Apel, Karl-Otto: Die Erklären: *Verstehen-Kontroverse in transzendental pragmatischer Sicht*, Stw Ffm, 1979

Armbruster, Ludwig: *Objekt und Transzendenz bei Jaspers*, Sein Gegenstandsbegriff und die Möglichkeit der Metaphysik, Philosophie und Grenzwissenschaften IX/1. Innsbruck Verlag, 1957

[B]

Bähr, H.W.: *Denk an Martin Buber und Karl Jaspers*. in: Universitas Jg. 18, Bd. 1, 1963, S. 207-208

Barth, Heinrich: *Karl Jaspers über Glaube und Geschichte*. in: Theologische Zeitschrift 6. Jhg. Basel, 1950, u. in: *Karl Jaspers in der Diskussion*, Piper, 1973

Barth, Karl: *Phänomene des Menschlichen* (Zu Karl Jaspers' Anthropologie), in: *Karl Jaspers in der Diskussion*, Piper, 1973, S. 319-334.

Barthsch, Hans Werner: *Die philosophische Bestreitung der Entmythologisierun des Neuen Testamentes*. Eine Antwort auf Karl Jaspers Vortrag》 Wahrheit und Unheil der Bultmann'schen Entmythologisierung 《: Kerygma und Mythos, Bd.III: Das Gespräch mit der Philosophie, Hamburg, 1954, S. 63-79 (Theologische Forschung 5)

Becker, Hermann Erwin: *Gegenwart als Aufgabe und Grenze der Erziehung*. (Diss.), Münster, 1968

Bloch, Ernst: *Existenzerhellung und Symbolschau "quer zum Dasein"*, in: *Karl Jaspers in der Diskussion*, a.a.O. 181ff. 1973

Bock, Irmgard: *Kommunikation und Erziehung*, Grundzüge ihrer Beziehung-, Wissenschaftliche Buchgesellschaft, Darmstadt, 1978

Böckemann, Frank: *Die Problematik existentieller Freiheit bei Karl Jaspers*, (Diss.), München, 1972.

Böversen, Fritz (hrsg. v.): *Philosophie der Politik*—Ein Symposium zum 100. Geburtstag von Karl Jaspers-Bericht des Faches Pädagogik

Wuppertal, 1984.

Bollnow, Otto Friedrich: *Existenzerhellung und philosophische Anthropologie*, Versuch einer Auseinandersetzung mit Karl Jaspers, in: *Karl Jaspers in der Diskussion*, a.a.O. 185ff. 1973

―――――― : *Existenzphilosophie und Geschichte*, Versuch einer Auseinandersetzung mit Karl Jaspers, in: *Karl Jaspers in der Diskussion*, a.a.O. 235ff. 1973 (in: Blätter für Deutsche Philosophie, Bd. 11 Heft 4) Berlin, 1937/38

Brechtken, Josef: *Die Gottesfrage als Problem der Praxis nach Karl Jaspers*. in: Theologie Glaube 60, 1970, S. 165-179

Brunner, August: *Philosphie oder Religion?* Gedanken zu neuesten Werken von Karl Jaspers. Stimmen der Zeit 143 (Freiburg 1948/49), S. 453-459

Brunner, Emil: *Christlicher Glaube und Philosophie der Existenz*, in: *Philosophie und christliche Existenz*, (hrsg. v.) Gerhard Huber, Basel, Stuttgurt, 1960

Bütter, Edgar: *Kommunikation im Werk von Karl Jaspers*: Impulser für pädagogische Kommunikation. (Diss.), München, 1992

Buri, Fritz: *Philosophischer Glaube und Offenbarungsglaube im Denken von Karl Jaspers*, in: ThZ. Jg. 39, 1983, H. 4, S. 204-226

Burkard, Franz-Peter: *Karl Jaspers Einführung in sein Denken*, Königshausen & Neumann, Würzburg, 1985

―――――― : *Ethische Existenz bei Karl Jaspers*, Königshausen & Neumann, Würzburg, 1982.

[C]

Campenhausen, Hans Freiherr von: *Die philosophische Kritik des Christentums bei Karl Jaspers*, in: Zeitschrift für Theologie und Kirche, Jg. 48 1951, S. 230-248 (in: ders., Tradition und Leben. Kräfte der Kirchengeschichte. Aufsätze und Vorträge, Tübingen, 1960, S. 408-430)

Choi, Yang-Suk: *Philosophieren als Glaubensüberzeugung—Untersuchungen zum philosophischen Glauben bei Karl Jaspers und*

Plotin. (Diss.), Würzburg, 1992

Collins, James: *Jaspers on Science and Philosophy*, in: *The Philosophy of Karl Jaspers*, Schilpp, Paul Arthur (ed.) Northewestern Uni. Ny. Tudor Publishing Company, pp. 115-140, 1957

[D]

Deimel, Ludwig: *Die Existenzphilosophie von Karl Jaspers*, Unter besonderer Berücksichtigung der religionsphilosophischen und fundamental theologischen Fragestellungen dargestellt und kritisch gewürdigt. (Diss.), Münster, 1950

[E]

Ehrlich, Edith, u.a. (ed. tr.): *Karl Jaspers*: Basic Philosophical Writings, Humanities Paperback Library, New Jersey, 1994

Ehrlich, Leonard H.: *Karl Jaspers*: Philosophy as faith, Amherst: University of Massachusatts Press, 1975

[F]

Fahrenbach, Helmut: *Philosophische Existenzerhellung und theologische Existenzmitteilung.* Zur Auseinandersetzung zwischen Karl Jaspers und Rudolf Bultmann, in: Theologische Rundschau. N.F.24/1 und 24/2 (1957/58), S. 78-135

─────── : *Existenzphilosophie und Ethik*, (Klostermann. XII) Philosophische Abhandlungen Bd. 30 Ffm, 1970

Feith, Rudolf Ernst: *Psychologismus und Transzendentalismus bei Karl Jaspers*, Ist die 'Psychologie der Weltanschauungen' eine haltbare Synthese von Psychologismus und Transzendentalismus, (Diss.) Bern, 1941

Flückiger, Felix: *Existenzphilosphie und christlicher Glaube.* Theologische Zeitschrift 8, Basel, 1952, S. 321-339

Fries, Heinrich: *Karl Jaspers und das Christentum*, Theologische Quartalschrift 132 Stuttgart, 1952, S. 257-287

―――――: *Ist der Glaube ein Verrat am Menschen?* Eine Begegnung mit Karl Jaspers, Kleine Pilger-Reihe 3, Speyer, 1950

Fritzsche, Hans Georg: *Der philosophische Glaube angesichts der Offenbarung* (Buchbesprechung), in: Theologische Literaturzeitung, Jg. 90, H. 12, 1965, S. 929-932.

Fuchs, Franz Josef: *Seinsverhältnis*-Karl Jaspers' Existenzphilosophie- Bd. I.: Existenz und Kommunikation, Frankfurt/M, 1984 (München Uni. (Diss.) 1980/1981)

Fuhrmann, Helmut: *Philosophische Texte im Literaturunterricht. Probleme-Möglichkeiten-Beispiele*, Frankfurt/M (u.a.): Lang, 1985

Fukui, Kazuteru: *Wege zur Vernunft bei Karl Jaspers.* Schwabe & Co. AG. Basel und Muttenz (Diss.), Basel, 1995

Furger, Franz : *Leben und Werk des Philosophen Karl Jaspers aus der Sicht und Erinnerung eines Theologen.* in: Theologische Zeitschrift Jahrgang 39, Juli/August, 1983

[G]

Gabriel, Leo: *Existenzphilosophie, Kierkegaard, Heidegger, Jaspers, Sartre*, Wien, München, Herold, 1968

Gehlen, Arnold: *Jaspers' Philosophie*, in: Gehlen: Theorie der Willensfreiheit, Hermann Luchterhand Verlag, 1965, S. 28-37

Gerlach, Hans-Martin (hrsg. v.): *Karl Jaspers*, Eine marxistisch-leninistische Auseinandersetzung mit Jaspers' philosophischem, politischem und medizinischem Werk, Martin-Luther-Universität Halle-Wittenberg Wissenschaftliche Beiträge, 1984/7(A 68), Halle (Saale), 1984

Goslich-Kuhsel, Gabriele: *Verschiedene Formen indirekter Kommunikation*: eine Untersuchungsreihe in Auseinandersetzung mit Karl Jaspers Kommunikationstheorie, (Diss.), Aachen, 1983

Grunert, Erich: *Objektive Norm Situation und Entscheidung*, Ein Vergleich zwischen Thomas von Aquino und Karl Jaspers, (Diss.), Bonn, 1953

[H]

Habermas, Jürgen: *Die Gestalten der Wahrheit*, (in: *Karl Jaspers in der Diskussion* (hrsg. v.) Hans Saner, Piper 1973), 1958

─────── : *Philosophisch-politische Profile*, : Suhrkamp, Frankfurt 1971, S. 93-115

Hammelsbeck, Oskar: *Die theologische Bestreitung des philosophischen Glaubens*, in: EvTh 12. Jg. (NF7) 1952/53, S. 491-509.

─────── : *Karl Jaspers der Lehrer*, in: Beiträge, Westermanns pädagogische 21 Jg., 6/1969

Harald Holz, Bochum: *Philosophischer Glaube und Intersubjektivität. Zum Glaubensproblem bei I. Kant und K. Jaspers.* in: Kant St. 68 1977, S. 404-419

Harth, Dietrich (hrsg. v.): *Denken zwischen Wissenschaft, Politik und Philosophie*, Stuttgart, Metzler, 1989

Henderson, Jan: *Karl Jaspers and Demythologizing*, The Expository Times 65 Edinburgh, 1953/54, pp. 291-293

Hersch, Jeanne: *Karl Jaspers eine Einführung in sein Werk*, Serie Piper Bd. 195, 1990

─────── : *Karl Jaspers—Philosoph, Arzt, politischer Denker—*, Symposium zum 100. Geburtstag in Basel und Heidelberg, R. Piper & Co., München/Zürich, 1986

Hertel, Wolf: *Existentieller Glaube. Eine Studie über den Glaubensbegriff von Karl Jaspers und Paul Tillich.* Meisenheim am Glan, 1971

Heston, Roberta Belding: *Strengthening confluent education through a philosophical analysis of the concept of dialogue*: an examination of the writings of Martin Buber, Hans-Georg Gadamer and Karl Jaspers. Ann Arbor (Mich.): University Microfilms International, 1987 -X, 431S. (Diss.), Univ. of Massachusetts, 1986

Hoffmann, K.: *Die Grundbegriffe der Philosophie Karl Jaspers's*, in: P.A. Schilpp (hrsg. v.) Karl Jaspers, Stuttgart, 1957

Holl, Adolf: *Signum und Chiffer*, Eine religionsphilosophische Konfrontation Augustins mit Karl Jaspers, in: RE Aug. 12/1966, S. 157 -182

Holm, Sören: *Besprechung von Claus-Uwe Hommel, Chiffer und Dogma*, Philosophische Rundschau 18, Tübingen, 1971, S. 150-154

─────── : *Jaspers' Religionsphilosophie, Ist Jaspers Religions - philosoph?* in: Schlipp, P.A. (hrsg. v.) Karl Jaspers, Stuttgart, 1957, S. 637-662

Hommel, Claus Uwe: *Chiffre und Dogma*. Vom Verhaeltnis der Philosophie zur Religion bei Karl Jaspers. Zürich, 1968

Horizont, Offener: *Festschriff für Karl Jaspers*, (hrsg. v.) R. Piper & Co., München, 1953

Horn, Hermann: *Das Problem der Erziehung in der Philosophie von Karl Jaspers*, in: *Karl Jaspers zur Aktualität seines Denkens*. Serie Piper (hrsg. v.) Salamun, Kurt, München/Zürich, 1991

─────── : *Existenz, Erziehung und Bildung*, Das Problem der Erziehung und Bildung bei Karl Jaspers und die neuere Pädagogik, (Diss.), Göttingen, 1955

Hossfeld, Paul: *Karl Jaspers' Stellung zur Religion*, in Freiburger Zeitschrift für Philosophie und Theologie, Jg. 5, H.1, 1958

─────── : *Die Unerkennbarkeit der Transzendenz in Karl Jaspers' Werk* >> Von der Wahrheit <<: Münchener Theologische Zeitschrift 14, München, 1963, S. 288-295

Hubbert, Joachim: *Die Existenz denken — Existenzphilosophie in religiöser und antireligiöser Deutung—*, Universitätsverlag Dr. N. Brockmeyer Bochum, 1994

[I]

Iberer, Gunter: *Die pädagogische Relevanz des Kommunikationsbegriffes bei Jaspers*, (Diss.), Graz, 1970

Imle, F.: *Jaspers als Existenzphilosoph*, in: Philosophische Jahrbuch 49. Bd., 4 Heft, Fulda, 1936, S. 487-504ff.

[J]

Jaspers, Ludger: *Der Begriff der menschlichen Existenz in der Existenzphilosophie von Karl Jaspers*, (Diss.) München, Würzburg, 1936

Junghänel, Günter: *Über den Begriff der Kommunikation bei Karl Jaspers*, Deutsche Zeitschrift für Philosophie 9, Berlin, 1961, S. 472-489

[K]

Kahl-Fuhrtmann, Gertrud: *Karl Jaspers'》 Philosophischer Glaube 《 und die traditionelle Philosophie*. Zeitschrift für philosophische Forschung 6, Meisenheim, 1951/52, S. 411-416

Kaufmann, Fritz: *Karl Jaspers and A Philosophy of Communication*, in: *The Philosophy of Karl Jaspers*, Schilpp, Paul Arthur (ed.) pp. 210-295, Northewestern Uni. NY, Tudor Publishing Company, 1957, (Open Court Publishing Co. Illinois 1957)

Keilbach, Wilhelm: *Philosophischer Glaube in christlicher Existenz*. Ein Strukturvergleich (Karl Jaspers-Thomas von Aquin). Münchener Theologische Zeitschrift 7, München, 1956, S. 161-172

Kiel, Albrecht: *Philosophische Seelenlehren als Leitfaden für die Psychologie*—Ein Beitrag zur Anthropologie von Karl Jaspers. Hartung—Gorre Verlag, Konstanz, 1991

Klein, Aloys: *Glaube und Mythos*. Eine Kritik, religions-philosophisch-theologische Untersuchung des Mythosbegriffs bei Karl Jaspers, XXVI, München, Pärborn, Wien, Schöningh, 1973,

Klenk, G. Friedrich: *Vom Sinn der Geschichte*, Stimmen der Zeit 152, Freiburg, 1952/53, S. 113-122

Knauss, Gerhard: *The Concept of the 'Encompassing' in Jaspers' Philosophy*, in: *The Philosophy of Karl Jaspers*, Schilpp, Paul Arthur (ed. 9 pp. 141-175 Northewestern Uni. NY tudor Publishing Company 1957)

―――――: *Die Dialektik des Grundwissens und der Existenzerhellung bei Jaspers*, in: Studium Generale Jg. 21, 1968, S. 571-590

Koprek, Ivan: *Ethos und Methodos des Philosophierens*—Die moderne

Orientierungskrise und ihre Therapie im Denken von Karl Jaspers. EOS Verlag, Erzabtei St. Ottilien, in: Dissertationen Philosophische Reihe Bd. 3 (hrsg. v.) Bernhard Sirch, 1988

Krüger, Gerhard: *Die Existenzphilosophie von Karl Jaspers*, in: Universitas Jg. 18, Bd. 1, 1963, S. 147-155

Küster, Otto: *Moderne Existenz und mythischer Ernst*. Zur Diskussion zwischen Jaspers und Bultmann. in: Küster, O. Glauben müssen? 1963, S. 146-161

[L]

Lehmann, Karl: *Der Tod bei Heidegger und Jaspers*, Ev-theol. (Diss.) Heiderberg, 1938

Lengert, Rudolf (hrsg. v.): *Philosophie der Freiheit*, Festschrift Karl Jaspers, Oldenburg, Holzberg, 1983

Lichtigfeld, Adolph: *Der Gottesbegriff in Jaspers' Philosophie*, in: P.A. Schilpp. S. 663ff. Stuttart, 1957

——————: *Aspects of Jaspers' Philosophy*, Mededelings van de Universiteit van Suid-Afrika, C 39 Pretoria, 1963

Lochman, Jan Milic: *Transzendenz und Gottesname*, Freiheit in der Perspektive der Philosophie von Karl Jaspers und in biblischen Sicht, in: ThZ. Jg 39, H. 4, 1983, S. 227-244

Lohff,Wenzel: *Glaube und Freiheit*. Das theologische Problem der Religionskritik von Karl Jaspers. Gütersloh, 1957

Long, Eugene Thomas: *Jaspers and Bultman*: A Dialogue between philosophy and theology in the existentialist tradition. Durham, North Carolina, Duke Univ. Pr. VI, 1968

Looff, Hans: *Der Symbolbegriff in der neueren Religionsphilosophie und Theologie*, Kantstudien, Ergänzungshefte 69, Köln, 1955

Lotz, Johannes Baptist: *Analogie und Chiffre*. Zur Transzendenz in der Scholastik und bei Jaspers, in: Scholastik Jg. 15 1940, S. 46-49

——————: *Sein und Existenz*, Kritische Studien in systematischer Absicht. Freiburg, Basel, Wien, Herder, 1965, S. 243-306

Lutz, Theodor Joh.: *Reichweite und Grenzen von Karl Jaspers' Stellungnahme zur Religion und Offenbarung*. (Diss.), München, 1968

Lutzenberger, Helmut: *Das Glaubensproblem in der Religionsphilosophie der Gegenwart in der Sicht von Karl Jaspers und Peter Wust*, (Diss.), München, 1962

[M]

Manfred Jourdan, Hagen: *Möglichkeiten und Grenzen einer kommunikativen Pädagogik*, (Diss.), Dortmund Pädagogischen Hochschule Ruhr, 1974

Mann, Golo: *Freiheit und Sozialwissenschaft*, in: *Karl Jaspers in der Diskussion*, (hrsg. v.) Hans Saner, Piper, 1973 (1957)

Marcel, Gabriel: *Grundsituation und Grenzsituationen bei Karl Jaspers*, in: *Karl Jaspers in der Diskussion* (hrsg. v.) Hans Saner, Piper, 1973 (1932/33)

Mayer, Anton: *Karl Jaspers's Erziehungsphilosophie — Bildung und Existenz —*, (Diss.), Erlangen, 1955

──────: *Bildung und Existenz*, in: Bildung und Erziehung, Jg. 10 (Monatsschrift für Pädagogik10), 1958, S. 129-141

Mayer, Ernst: *Philosophie und Philosophische Logik bei Jaspers, Ihr Verhältnis zueinander*, in: *Offener Horizont Festschrift für Karl Jaspers*, (hrsg. v.) K. Piper, München, 1953

Mende, Georg: *Studien über die Existenzphilosophie*, inhalt: zum ethischen Problem bei Kierkegaard und Jaspers, usw. Dietz Verlag, Berlin, 1956

Mühlethaler, Jakob: *Existenz und Transzendenz in der gegenwärtigen Philosophie*, Ein Versuch, das Verstehendes Geistigen als Sinn zu deuten, Basel, 1958

Müller-Schwefe, Hans-Rudolf: *Existenzphilosophie, Das Verständnis von Existenz in Philosophie und christlichen Glauben*, Zürich, 1961

[O]

O'Connor, Bernard F.: *A dialogue between philosophy and religion*: the perspective of Karl Jaspers, Lanham (Md.), University Press of America, 1988

Ogiermann, Helmut: *Die Alternative "Philosophie oder Offenbarung" nach Karl Jaspers*, in: Theologische Akademie I (hrsg. v. K. Rahner u. O. Semmelroth, Frankfurt/M. 1966, S. 27-52)

Olson, Alan M.: *Transcendence and hermeneutics*, An interpretation of the philosophy of Karl Jaspers, Nijhoff Publischers XXIII The Hague, 1979

Ott, H.: *Zur Wirkungsgeschichte der Entmythologisierungs-Debatte*, Eine Einführung, in: Karl Jaspers — R. Bultmann, Die Frage der Entmythosologisierung (Serie Piper 207), München, 1981, S. 7-26

Oyen, Hendrik van: *Der philosophische Glaube*, in: Theologische Zeitschrift, Jan.-Febr, Basel, 1958

[P]

Paek, Seung-Kyun: *Geschichte und Geschichtlichkeit*, Eine Untersuchung zum Geschichtsdenken in der Philosophie von Karl Jaspers, (Diss.), Tübingen, 1975

Pannenberg, Wolfhart: *Mythos und Wort*, Theologische Überlegungen zu Karl Jaspers. (Diss.), Tübingen, 1952 (in: Zeitschrift für Theologie und Kirche, Jg. 51, 1954, S. 167-185)

Pfeiffer, Helmut: *Gotteserfahrung und Glaube*; Interpretation und theologische Aneignung der Philosophie Karl Jaspers', Trierer Theologische Studien, Bd. 32. Paulinus Verlag. Trier, 1975

——————: *Erfahrung und Erkenntnis Gottes*. Versuch einer theologischen Aneignung der Philosophie Karl Jaspers'. Trierer Theologische Zeitschrift 83, Trier, 1974, S. 369-376

Pfeiffer, Johannes: *Existenzphilosophie*, Ein Einführung in Heidegger und Jaspers, Meiner Hamburg, 1952

Pieper, Josef: *Über den Glauben*, Ein philosophischer Traktat, München, 1962

Piper, Klaus (hrsg. v.): *Werk und Wirkung*, (Philosophische Autobiographie bei Karl Jaspers), R. Piper & Co., München, 1963

Pröpper, Thomas: *Der Jesus der Philosophen und der Jesus des Glaubens*. Ein theologisches Gespräch mit Jaspers, Bloch, Kolakowski, Gardavsky, Ben-Chorin. Matthias-Grünewald-Verlag, Mainz, 1976

[R]

Rabuske, Edvino Aloisio: *Geschichte und Wahrheit*, Eine Auseinandersetzung mit Karl Jaspers, (Diss.), München, 1977

Ramming, Gustav: *Karl Jaspers und Heinrich Rickert*, Existenzialismus und Wertphilosophie, Bern, 1948

Raulet, Gerard: *Die Chiffre im Spannungsfeld zwischen Transzendenz und Säkularisierung*, in: *Karl Jaspers—Denken zwischen Wissenschaft, Ploitik und Philosophie*, (hrsg. v.) Dietrich Harth, Stuttgart, 1989

Reh, Erwinte: *Welt in Karl Jaspers' Existenzphilosophie.* (Diss.), Bonn, Lengerich, 1939

Reiffer, Rend: *Philosophie angesichts des christlichen Glaubens.* Das religionsphilosophische Problem bei Karl Jaspers. in: FZPhTh20, 1973, S. 412-440

Reputakowski, Piotr: *Das Problem der Vernunftphilosophie bei Karl Jaspers*: zur Analyse der existentiellen und periechontologischen Vernunft, (Diss.), Univ. Halle Saale, 1995

Richli, Urs: *Transzendentale Reflexion und sittliche Entscheidung*, Zum Problem der Selbsterkenntnis der Metaphysik bei Kant und Jaspers, Kant -Studien, Ergänzungshefte 92, Bonn, 1967

Ricoeur, Paul: *Philosophie und Religion bei Karl Jaspers*, in: *Karl Jaspers*, (hrsg. v.) P.A. Schilpp, Stuttgart, 1957, S. 604-636

―――――: *Geschichte der Philosophie als kontinuierliche Schöpfung der Menschheit auf dem Wege der Kommunikation*, in: Offener Horizont. (a.a.O.) 110ff. (Festschrift für Karl Jaspers R. Piper & Co.,

München, 1953)
Ries, Johannes: *Philosophischer Glaube?* Die neue Ordnung 6, Köln, 1952
─────── : *Transzendenz bei Jaspers*, in: Ordnung Die neue. Jg. 5, 1951 S. 230-240
Rigali, Norbert: *Die Selbstkonstitution der Geschichte im Denken von Karl Jaspers*, Monographien zur philosophischen Forschung 49, Meisenheim, 1968
Rintelen, Friedrich Maria: *Theologia ancilla philosophiae?* Gedanken zu Karl Jaspers' Buch — Der philosophische Glaube — Theologie und Glaube 37/38, Paderborn, 1947/48, S. 265-271
Röhr, Ferdinand: *Die pädagogische Theorie im Denken von Karl Jaspers*, Bouvier Verlag, Herbert Grundmann, Bonn, 1986
Rosenthal, Klaus: *Die Überwindung des Subjekt-Objekt-Denkens als philosophisches und theologisches Problem*, Forschungen zur systematischen und ökumenischen Theologie 24, Göttingen, 1970
Roth, Günther: *Philosophischer Glaube und Offenbarungsglaube bei Karl Jaspers*, in: Philosophie der Freiheit, (hrsg. v.) Rudolf Lengert, Oldenburg, 1983

[S]
Salamun, Kurt: *Der Begriff der Daseinskommunikation bei Karl Jaspers*, Ein Beitrag zur Jaspers-Kritik, Zeitschrift für philosophische Forschung 22 Meisenheim, 1968, S. 262-285
─────── : *Karl Jaspers*, Große Denker, C.H. Beck, 1985
─────── : *Philosophie, Erziehung, Universität*: zu Karl Jaspers' Bildungs- und Erziehungsphilosophie, Frankfurt a.M., Bern, Peter Lang, cop., 1995
Salamun, Kurt (hrsg. v.): *Karl Jaspers zur Aktualität seines Denkens*, Serie Piper, München, Zürich, 1991
Saner, Hans: *Jaspers*. Rowohlt Taschenbuch, Verlag, 1987
Saner, Hans (hrsg. v.): *Karl Jaspers*: Das Wagnis der Freiheit Gesammelte Aufsätze zur Philosophie, R. Piper GmbH & Co. KG, Mün-

chen, 1996

─────(hrsg. v.): *Karl Jaspers in der Diskussion*, R. Piper & Co., München, 1973

Santiago Rodrigues de la Fuente: *Grenzbewusstsein und Transzendenz -erfahrung*: eine Studie über die philosophische Theologie von Karl Jaspers. (Diss.), München, 1983

Schäffler, Richard: *Philosophische Überlieferung und politische Gegenwart in der Sicht von Karl Jaspers*, I. II. Philosophische Rundschau 7/8, 1959/1960

Schatz, Oskar: *Religionsphilosophische Aspekte bei Karl Jaspers*. Kairos. Zeitschrift für Religionswissenschaft und Theologie 2, Salzburg, 1960, S. 23-28

Schilpp, Paul Arthur (ed.): *The Philosophy of Karl Jaspers*, The library of living Philosophers, Northwestern Uni. Tudor Publishing Company, New York, 1957 (auch: *Karl Jaspers*, Philosophen des 20. Jahrhunderts 2. Stuttgart, 1957)

Schmitz, Bertram: *Das Ungegenständliche in der Religion*—Eine Begegnung zwischen Existenztheologie (P. Tillich) und Existenzphilosophie (Karl Jaspers). (Diss.), Marburg, 1991

Schmitz, Josef: *Darstellung und Kritik des Offenbarungsglaubens bei Karl Jaspers*, in: Trierer Theologische Zeitschrift, 74. Jg. H.2., 1965

Schneiders, Werner: *Karl Jaspers in der Kritik*, H. Bouvier und Co., Verlag, Bonn, 1965

─────: *Politische Krise und existentielle Erneuerung*, Zur Auffassung von Gesellschaft, Staat und Politik bei Karl Jaspers: Soziale Welt, Zeitschrift für sozialwissenschaftliche Forschung und Praxis 18, Göttingen, 1967, S. 124-152

Schüssler, Werner: *Jaspers zur Einführung*, Junius Verlag GmbH, Hamburg, 1995

Schultheiss, Jürg: *Philosophieren als Kommunikation*, Versuch zu Karl Jaspers' Apologie des kritischen Philosophierens. Forum Academicum in der Verlagsgruppe Athenäum/Hain/Seriptor/Han-

stein Monographien zur philosophischen Forschung Bd. 207, 1981
Schwartländer, Johannes: *Kommunikative Existenz und dialogisches Personsein*. Zeitschrift für philosophische Forschung19, Meisenheim, 1965, S. 53-86

Sonderfeld, Ulrich: *Philosophie als Gesammtorientierung denkender Existenz und als Aporienreflexion*, —im Anschluss an Karl Jaspers

—, (Diss.), Waxmann, Münster, New York, 1989

Speck, Josef: *Über die Eigenart der pädagogischen Problematik in Jaspers' "Logik"*. in: Vierteljahrsschrift für wissenschaftliche Pädagogik Jg. 39, 1963, S. 30-52

Sperna-Weiland, Jan: *Philosophy of Existence and Christianity*, Kierkegaard's and Jaspers' Thoughts on Christianity. Philosophia religionis 3, Assen, 1951

——————: *Humanitas. Christianitas*, A Critical Survey of Kierkegaard's and Jaspers' Thoughts in Connection with Christianity. (Diss.), Groningen, 1951

Sternberger, Dolf: *Notizen über die Prosa von Karl Jaspers*. in: Offener Horizont, Festschrift zum 100. Geb. (hrsg. v.) K. Piper, München, 1983

[T]

Tennen, Hanoch: *Jaspers' Philosophie in kritischer Sicht*, Zeitschrift für philosophische Forschung 28, 1974, S. 536-561

Tilliette, Xavier: Sinn, *Wert und Grenze der Chiffernlehre*, Reflexionen über die Metaphysik von Karl Jaspers, in: Studia philosophica Bd. 20, 1961, S. 115-131 (auch in: *Karl Jaspers in der Diskussion*, Piper, 1973)

Tollkötter, Bernhard: *Selbstsein, Bildung und geschichtliche Welt im Werke von Karl Jaspers*, Pädagogische Rundschau Jg. 18, Ratingen, 1964, S. 815-824

——————: *Erziehung und Selbstsein*, Das pädagogische Grundproblem im Werke von Karl Jaspers, Ratingen, 1961

Trillhaas, Wolfgang: *Philosophie und Offenbarung*. Zu Karl Jaspers

Auseinandersetzung mit dem Christentum, in: Lutherische Monatshefte, 2. Jg., Hamburg, 1963, S. 323-328

[V]

Veauthier, Frank Werner: *Karl Jaspers zu Ehren*. Carl Winter Universitätsverlag, 1986

Vorgrimler, Herbert: *Philosophie ohne Kommunikation*, Zu einem neuen Buch von Karl Jaspers: Theologisch-praktische Quartalschrift 112, Linz, 1964, S. 3-13

[W]

Warsitz, Rolf Peter: *Zwischen Verstehen und Erklären*. Königshausen & Neumann, 1990

Weiland, J. Spernas: *Humanitas, Christianitas*. A Critical Survey of Kierkegaard's and Jaspers' Thoughts in Connection with Christianity. (Diss.), Groningen, 1951

Wenzl, Aloys: *Motive des Glaubens und verstehende Toleranz*. — Philosophischer — und christlicher Glaube. Philosophisches Jahrbuch 68, München, 1960, S. 447-460

Werner, Martin: *Der religiöse Gehalt der Existenzphilosophie*. Rektorasrede, Bern-Leipzig, 1943,

Willems, Bonifac Alexander: *Zu Karl Jaspers' Philosophie der Transzendenz*, Freiburger Zeitschrift für Philosophie und Theologie 9, Fribourg, 1962, S. 247-255,

Winkler, Robert: *Philosophische oder theologische Anthropologie?* Versuch eines Gesprächs mit der Philosophie von Karl Jaspers. Zeitschrift für Theologie und Kirche 14, Tübingen, 1933, S. 103-125

Wisser, Richard: *"Die Philosophie soll nicht abdanken"* — Der "philosophische Glaube" einer Philosophie der Freiheit. in: Karl Jaspers Today, Philosophy at the Threshold of the Future, (hrsg. v.) L.H. Ehrlich u. R. Wisser, Washington D.C., 1988

――――: *Karl Jaspers*: Philosophie in der Bewährung, Königshausen

& Neumann, Würzburg, 1995

─────── : *Verantwortung im Wander der Zeit*, Einführung in geistiges Handeln: Jaspers, Buber, C.F.v. Weizsäcker, Guardini, Heidegger. Meinz: v. Hase, 1967

[Y]

Young-Bruehl, Elisabeth: *Freedom and Karl Jaspers's Philosophy*. New Haven and London Yale University Press, 1981

[Z]

Zöhrer, Josef: *Der Glaube an die Freiheit und der historische Jesus*, Regensburg Uni. (Diss.), 1984, Regensburger Studien zur Theologie Bd. 35, 1986

〈事項索引〉

ア

愛(Liebe) ……31,38,42,67,68,70,71,
　72,73,74,77,78,83,157
愛しながらの闘い ……39,46,52,53,74
愛の開明(die Erhellung der Liebe) ‥10
新しき存在 …………………118,119,132
暗号(Chiffre) ……13,14,15,16,23,76,
　83,86,87,92,93,94,101,102,104,
　107,108,109,113,115,124,125,130,
　131,135,142,143,145,146,147,148,
　149,152,162
暗号としてのイエス ……………105,149
暗号解読 ………13,15,22,84,124,125,
　126,133,144,145,146,147
暗号論 ……48,60,104,146,149,152
安心感 ……………………………………160

イ

イエス伝研究 ……………………………109
イエス論 …………………………105,109
意志 ………………………………………122
意識一般(Bewusstsein überhaupt) ‥6,
　7,18,19,44,46,51,55,57,58,69,70,
　75,76,85,86,87,88,89,90,92,95
意識一般の意識 …………………………86
意識一般の交わり ………………………52
偉人たち ‥84,85,88,89,95,142,143,151
イスラム教 ………………………………12
異端者 ……………………………………163
一回性 ………………………………84,85
一回的 ……………………………………8,80
一者 …………………………………69,117
一方通行的交わり ………………………47
イデア論 …………………………………4
祈り ………13,14,15,159,160,161,164
インド哲学 ………………………………17
隠蔽性 ……………………………………40

ウ

上への超越 ………………………………31

エ

エクレシア ………………………………155
援助 ………………………………………68

オ

恩恵 …………………………136,137,138,140
恩寵 ……………22,30,31,32,33,35,36

カ

懐疑 …………………………………10,123
解釈学 ………………………………102,110
解釈する …………………………………15
回心 ………………………………………79
回想的自我 ………………………………96
開明 ………………………………………40
科学 ……4,5,6,15,18,48,49,50,52,60
科学的交わり …………51,52,53,60,95
覚醒(Erweckung) ……27,40,50,78,79,
　80,87,92,93,97,113,157
カトリック教会 …………………………156
可能的実存(mögliche Existenz)
　…………………19,23,28,68,87,106,146
可能的実存の行為 ………………………74
可能的な信仰 ………………………122,123
神 ………12,15,22,29,32,36,56,80,97,
　104,105,106,107,108,109,111,112,
　113,117,118,119,120,121,122,124,
　126,128,130,131,135,136,137,140,
　142,143,147,160,161
神の暗号 …………………………………143
神の子 ……………………………………146
神の声 ……………………………………57,141
神の言葉 ……14,15,144,145,147,154
神の自由 …………………………………147

209

神の存在 …………………13,14
神の民 ……………………155
神の導き …………………141
神人キリスト ……………114
カリキュラム ……………61
関係 ………………………47
感謝 ………………29,31,35
感情 ……………………91,122
感性 ……………………146,147
間接的伝達 ………………47
間接的交わり ……………47,48
関与 ………………………56
学習 ……………47,76,80,113
学習環境 …………………127
学習者 ………………76,127,129
学習目的 ……………113,127,128
学級集団 …………………45
学校 ………………………55,61
我有化 ……15,23,83,87,126,130,142

キ

機械的(手細工的)教育概念 ……27
危機 ………………………27
記号 ………86,87,88,89,91,146,152
企投性 ……………………111
希望 …………………29,30,32,72,144
希望の哲学 ………………30
客観的形象 ………………47
究極的関心 ………………119
救済 ………………………149
旧約聖書 ……………21,101,105
驚異 ………………………10
教育(Erziehung) ……16,26,27,28,31,
　　38,40,42,44,52,54,55,59,67,68,
　　76,78,79,80,83,85,93,94,104,157,
　　164
教育学 ……25,27,28,30,31,32,37,38,
　　39,41,42,43,44,45,48,49,51,52,
　　53,54,56,59,60,61,62,64,79,94,
　　113,127
教育学者 …………………162

教育学的交わり …………52
教育学的倫理 ……………49
教育者 ……………………79
教育哲学 ……17,20,25,33,37,38,39,
　　43,55,59,67,69,78
教育内容 …………………77
教育の神学 ………………126,129,131
教育の非連続的形式 ……46
教育の理念 ………………67
教育方法 …………………54
教育方法論 ………………54
教育目的 …………………54,77
教会 ……14,108,153,154,155,156,157,
　　158,159,160,161,167
教会学校 …………………126,129
教会教育 …………………160
教会信仰 …………………154
教会的なもの ……………154
教義 ………………16,139,150,141
教師 …………48,61,77,79,80,128,156
教師と生徒 ………………40,48,60
教授過程 …………………127
共同体 ……14,131,138,140,153,157,
　　158,159,161,163
共同的行為 ………………138
教養 ………37,42,84,104,133,167,167
キリスト ……14,119,138,155,156,157,159
キリスト教 ………12,13,21,30,72,101,
　　104,105,106,119,121,133,139,147,
　　148,149,153,154,155,159,160,161
キリスト教教育 ……126,127,130,134,
　　153,157,159,161,164
キリスト教神学 …………30,153
キリスト教信仰 …118,131,155,160,163
キリスト教的自由 ………111
キリスト教に基づく教育 ………149
技術 ………………………27
業績的自我 ………………96
疑惑 ………………………123

ク

悔い改め …………………………79
苦悩 ………………………………105
苦しみ ……………………………43
偶像崇拝 ……………………145,152
具象性(Leibhaftigkeit)
　…………12,13,15,143,144,145

ケ

経験的認識 ………………………87
啓示(Offenbarung) ……14,15,104,109,
　115,131,135,136,137,138,139,145,
　146,147,148,149,150,155,159,161
啓示信仰 ……14,118,131,135,139,140,
　141,143,144,148,149,150,154,157
形而上学 ……………………6,9,10
形成 ………………………………40
啓蒙主義 …………………………27
決意性 ……………………………28
結合 ………………………69,70,138
結合性 ……………………69,70,71,74,75
決断(Entschluss)
　………71,103,104,111,112,113,115
ケリュグマ ………………………109,110
権威 ……………………………40,88
限界状況(Grenzsituationen) ……10,43,
　48,53,79,80,93
原画(Urbild) ……………………40
言語学 ……………………………47
言語能力一般 ……………………47
原子論 ……………………………4
現存在(Dasein) ……7,18,35,44,46,51,
　55,57,58,69,70,75,76,85,86,87,
　88,90,92,95,110,140
現存在 I ……………………………44
現存在的交わり(Daseinskommunikation) ……7,44,51,52,53,54,56,60,
　76,85,95
現存在としての意識 ……………86
現存在 II ……………………44,51,86

コ

公開性 …………………8,15,40,58,59
公明性 …………………69,70,71,74,75
告知 ………………………………14
告白 ………………………………137,140
個人的 ……………………………6,8
固定化 ……………………………16
孤独 ………………………………49
子ども ……49,50,94,126,128,137,160
根源 ……………………9,70,90,92,124,125
根源性 ……………………………74,84,93
根源としての愛 …………………73,74
根本知(Grundwissen)
　………………20,77,96,142,146,147
強欲 ………………………………121,133
合理化一般 ………………………4
悟性(Verstand) ………68,70,75,76,77,
　78,81,102,120,125,140
悟性による教育 …………………76,77
悟性認識 …………………………6,7,20,23

サ

刺 …………………………………122
産婆術 ……………………………78
三位一体 ……………………12,147,161
参与 ………………………………127
挫折 ………………………………29,30

シ

思惟的行為 ………………………3,80
自然神学 ……………………22,138,139
史的イエス ………………………110
死への存在 ………………………115
宗教 ………3,9,10,11,12,14,15,16,17,
　33,94,129,141,144,148,154
宗教教育 …………………………94,148
宗教的象徴
　………126,127,128,129,130,131,158
宗教哲学 …………………………9
集団主義的 ………………………26

習得 ……‥…40,83,84,85,86,87,88,89, 91,92,93,94,96,104,130	
主客分裂 ……………21,77,118,127	
授業計画 ………………………48	
瞬間 ………………27,29,34,93	
消極的教育 ………………27,130	
象徴(Symbolen) ……86,87,89,91,92, 93,117,128,129,134,138,146,152	
承認 …………………………137	
深淵 …………………………41	
神格化 ……………………89,120	
真剣さ ………………………90	
信仰共同体 ……135,138,148,149,155	
信仰の行為 …………………137	
神性 ……………13,22,108,142	
神道 …………………139,148	
神秘主義 ……………………146	
神秘性 ……………127,128,130,146	
神秘的直感 …………………146,147	
新約聖書 …………12,101,102,103	
信頼(Vertrauen) ……29,30,31,32,33,118,123	
真理(Wahrheit) ……7,11,17,20,39, 40,46,47,51,52,54,68,77,80,102, 113,126,139,141,142,151,154	
神話 …………101,102,103,104,114	
自我(Ich)………86,87,88,89,90	
自己(Selbst) ………26,28,69,86,87	
自己意識 ……………68,104,118,147	
自己教育 ………………49,61,83,84	
自己実現 …………42,80,84,92,94,97	
自己生成(Selbstwerden) …………42,46,55,61,68,69,84	
自己存在(Selbstsein) ……7,11,19,23, 37,41,42,46,58,59,60,68,85,87, 93,107,133,148	
自己贈与 ……………………92	
自己脱落 ……………………90	
自己反省 ……………89,92,93,96	
自己閉鎖性 …………………58	
自己了解 ……………………84

実践的哲学 ………………3,16	
実践理性 ………………………9	
実在性 ……93,108,149,143,145,150	
実存(Existenz) ……7,8,17,18,19,27,28, 30,31,36,38,39,40,41,46,52,57, 58,67,68,69,70,71,73,74,75,76, 78,79,80,83,85,86,87,89,92,110, 111,115,119,121,125,140,142,143, 144,169	
実存開明 ………………………6	
実存概念 ………………………34	
実存的 …53,113,122,124,133,145,171	
実存的交わり(existentielle Kommunikation) ……8,44,49,51,52,53, 54,55,56,59,61,77,83,85	
実存的瞑想 …………15,22,133,161	
実存哲学 ………3,25,26,27,28,29,30, 31,32,33,35,36,37,55,78,124,129	
実存としての愛 ……………77	
実存理性(existentielle Vernunft) 67,72	
実存論的解釈 ……………102,103	
実存論的時間解釈 ……………110	
児童期 …………………………50	
自分のものにすること(Aneignung) …………83,87,96,124,125	
十字架 ……………14,105,106,126	
授業 …………45,46,47,48,60,61	
受肉 ……143,145,146,147,149,161	
受容 ……118,119,120,128,132,137,148	
自由(Freiheit) ……40,41,52,58,64,68, 78,105,106,110,111,112,141,146, 148,149	
自由主義神学 ……………111,112,166	
情操的教育 …………………161	
人格(Person) …………13,15,105,112	
人格形成 ………………76,83,148	
人格神 …………………13,142,161	
人格性(Persönlichkeit) ………42,125, 126,130,142,145,147,149	
人格の応答関係 ……………162	
人格的関係 …………………149,161

人格的生 ……………………119
人文主義 ……………………133
人文主義的教育 ……………129

ス

救い …………………………43
スコラ的 ………………………53,55
随意性 …………………28,29,30,31,37

セ

聖書 ………101,102,104,109,112,113,
  114,135,150,153,154,166,167
聖書解釈 ……………………112
聖書宗教 ……………………11,12,21
聖書理解 ……………………112,113
精神(Geist) ……7,18,19,44,46,51,55,
  57,58,69,70,75,76,85,87,89,90,91
精神的エリート ……………158
精神の交わり ………………52
精神病理学 …………………3,50,51,91,92
生成 …………………16,17,33,57,58,92
成長 …………………………27,50,79
生徒 …………………47,48,61,77,79,80
青年期 ………………………50
生の諸過程 …………………31
聖霊 …………………………146,158,161
世界(Welt) ………18,19,35,40,69,76,
  103,106,107,141,142,143,158
世界―内―存在 ……………28,106,110
世界定位(Weltorientierung) ………40
潜在カリキュラム …………157
絶対者 ………………………117,121
絶対的意識(absolutes Bewusstsein)
  ………………………73,92,114,147
絶対的自己意識 ……………107
絶対的存在 …………………118
絶対的他者 …………………93
絶望 …………………………30,119
前科学的科学 ………………4
全人格的 ……………………122,123,124
全体者 ………………………69,91

ソ

相関的方法 …………………118,129,130,163
相互的交わり ………………47
疎外 …………………………119,121,122
ソクラテス的教育 …………20,53,55,61,64
組織神学 ……………………129
存在 …………………………22,84,108
存在意識 ……………………120
存在関係 ……………………84
存在信仰 ……………………30
存在自体である包越者 ……86
存在認識 ……………………6
存在の覚知 …………………10
存在の認識 …………………6
存在の秘義 …………………128
存在への信頼 ………………32
存在論 ………………………3,9,11,16,37,42,43,85,
  117,118
存在論的 ……………………32,42,43,44,54,56
存在論的神学 ………………119

タ

対象化 ………………………70,76,144,146,147
対象知(gegenständliches Wissen)
  ………………………20,88,96,142,143,146
対話 …………………………11,61,136
多義的 ………………………56,91,108,143
他者 ……8,20,21,26,28,29,44,58,59,
  68,69,88,92,93,107,108,109,119,
  135,138,142,149,160,161
闘う愛 ………………………77
単独者 ………………………8,78
大学 …………………………55
代替可能 ……………………7,8,76
代替不可能 …………………8,61,77
断絶(Sprung) ………………13

チ

知 ……………………………5,7,59,61,88
知恵 …………………………9

213

近い神 …………………………112
知覚 ……………………………146
知識 ………16,17,61,76,83,104,113,
　　122,135,136,141
超越 ………………………32,33,79,89
超越者(Transzendenz) ……6,15,18,20,
　　29,32,40,57,59,69,70,73,77,92,
　　94,101,102,104,107,108,109,117,
　　118,120,124,125,126,130,135,142,
　　143,144,145,146,161
超越者による導き ………………80
超越者の言葉 ……………109,125
超越すること ………………6,28,59
超越性 …………………………120
超自我 …………………………57
超人格的交わり ………………56
直接的伝達 ……………………47
直接的交わり ………………47,48
直観 ……………………104,134

ツ

罪 ……………………………121,122

テ

哲学(Philosophie) ………3,4,5,6,8,12,
　　13,14,15,23,30,37,39,52,54,91,
　　94,117,122,137
哲学すること(philosophieren)
　　………………3,10,17,23,54,72
哲学的根本知(philosophischen Grundwissen) ……………………49
哲学的宗教 ……………………148
哲学的信仰(philosophischer Glaube)
　　………46,48,49,61,131,135,136,
　　140,143,144,145,147,148,150,159
哲学的世界定位 ………………6
哲学的交わり …………………44
出会い(Begegnung) ……15,27,40,44,
　　135,136,141,142,143
出来事 …………………135,136,137
伝達 ………………………11,48,58

ト

統一的な交わりの意志 ………75
陶冶(Bildung) ……27,30,38,40,41,43,
　　44,59,67,84,85
遠い神 …………………………111
途上にある存在 ………………20
ドイツ観念論 …………………3,117
道徳 ……………………………9,10,148
動機づけ ………………………113
導入 ……………………127,128,129,130
ドグマ …………………16,52,108,122

ナ

内的行為 ………………………22,133,153
内容 ……………………………74,84,89
ナチス …………………146,169,170

ニ

ニヒリズム ……28,120,121,122,132,144
二律背反 ………………21,41,42,69,70
人間イエス ……………………149
人間学 ……………………………9,33,36
人間学的教育学 ………………32,37
人間存在 ……28,30,32,33,37,50,55,
　　58,59,78,91,107,121,127,171
人間の神格化(Menschenvergötterung)
　　………………………120,121,141
認識 ………………6,69,70,85,91,137,138
認識論 ………………3,9,10,16,117,118
忍耐 ……………………………29,31,35

ハ

排他性 ………14,15,138,139,140,141,
　　150,151
汎神論 …………………………138
媒介 ……………………71,72,74,75,77

ヒ

悲劇的知 ………………………43,61
庇護性 …………………………31

非神話化(Entmythologisierung) ····15, 23,101,102,103,104,114,134,166
非人格的交わり ·······················56
非対称的交わり ·······················46
被投性 ·······························32
避難城 ·······························28
紐帯 ·························20,69,70,76
飛躍 ···························41,79
ヒュブリス ·····················121,133
標識 ····························46,86
非連続(unstetig) ······15,26,31,79,80, 110,145
非連続的形式 ·················27,28,32
美学 ·································9

フ

不安 ···················16,29,30,36,131
福音主義派 ··························153
不信仰(unbelief) ·····117,120,121,122, 123,124,131,133
二つの翼 ························51,65
浮動 ······························108
普遍妥当性 ·························8
普遍妥当的 ·······················5,6
普遍的真理 ·······················10
不満 ·························19,53
浮遊 ···················118,149,159
仏教 ·····························12,139
プロテスタント ··········133,153,156
プロテスタント神学 ···········14,124

ヘ

閉鎖性 ··························15,28
弁証法 ··························11,42
弁証法神学 ·······················111

ホ

包越者(das Umgreifende) ·····7,14,16, 17,18,21,22,44,51,53,55,57,59, 69,70,75,76,77,81,83,85,86,87, 88,89,91,92

包越者論(Periechontologie) ····42,43, 45,46,48,49,54,55,57,60,83,85, 89,95,114
包括的交わり ·······················46
方法的認識 ·······················5,6
本来性 ·····························110
本来的現実性 ·················22,108
本来的自己(das eigentliche Selbst)
 ···············8,68,87,92,93,107
本来的交わりへの意志 ···············10
冒険 ···························118,123

マ

マイスター的教育 ·················53,55
魔神論(Dämonologie) ·········120,121
交わり(Kommunikation) ·····7,11,16, 17,21,37,39,40,42,43,44,45,46, 47,48,49,51,52,53,54,55,56,57, 59,60,64,67,68,74,79,80,112,126, 135,136
交わり(Umgang) ···············83,84,87
交わり的教育学 ······················45
交わり的共同体 ······················45
交わりへの意志(der totale Kommunikationswille) ··········11,21,46,57,67
交わり論 ········38,42,44,45,46,48,51, 54,55,56,57,59,60,61,83,85
マルクス主義 ························3

ム

無宗教 ····························94
無制約的 ·························64
無制約的要求 ·················140,141
無知 ···························6,7,9

メ

迷信(Aberglaube) ·····118,149,152,154
迷信化 ····························107
瞑想 ·····························13

215

モ

問題解決能力 ……………………………i

ヤ

安らいでいること ………………29,35

ユ

勇気 ………………118,119,123,132
有機的教育概念 ……………………27
有神論的実存哲学 …………………36
ユダヤ教 ……………11,12,105,106,107

ヨ

要請 …………………………………29
預言者たち …………………………12,105
呼びかけ ……………………………13

リ

理性(Vernunft) ……7,11,17,18,20,21,
　46,49,50,53,54,55,57,58,59,60,
　61,62,67,68,69,70,71,72,73,74,
　75,76,77,78,81,83,90,111,118,
　120,125,136,137,146,151,167
理性信仰 ……………………………49
理性的教育学 ………………………49
理性による教育 ……………76,77,78,83
理性の交わり ………………………58
理念(Idee) ………………………19,52,91

了

了解(Verstehen)
　…………47,48,51,52,87,91,97,128
良心 …………………………………57,73
隣人 …………………………………161
倫理学 ………………………………9

ル

ルター派 ……………………………167

レ

霊 ……………………………127,128,130
例外者 ………………………106,107,114
霊的共同体 ……157,158,159,160,161
霊的働き ……………………………120,130
礼拝 …………………………………14
歴史(Geschichte) ………50,135,136,141
歴史性(Geschichtlichkeit) …42,93,104
連関(Bezug) …117,124,125,126,130,131
連続・非連続的形式 ……………28,30,37
連続性 ………………………………37,41
連続的形式 …………………27,28,31,44
連続的な構成 ………………………27
霊的現臨 ……………………………127

ワ

我がものとすること ………56,84,85,97
我と汝 ………………………………44
我汝関係 ……………………………157
我々である包越者 …………………86

〈人名索引〉

ア行

アリストテレス ……………………4
イエス …22,101,104-107,109-112,114,
　　119,143,146,147,149-151,157,159,
　　161
　　〜・キリスト ……12,14,118,136-139,
　　144,145,148-150,155,156,159
イザヤ ……………………………12
池尾 健一 ……………………31,36
イベレール(Iberer, Gunter) ……37,43,
　　-45,51,64,67,85-87
今橋 朗 …………157,160,161,164
ヴェーバー、M.(Weber, Max) ……17,171
エルシュ、J.(Hersch,Jeanne) ………17
ヴィンテルバント(Windelband,
　　Wilhelm) ……………………9,10
エレミヤ …………………………12
大木 英夫 ……………………158,163
小田垣 雅也 ……………36,121,132

カ行

カウフマン(Kaufmann, Fritz)
　　……………………………55-57,66
金子 武蔵 ……………67,72-74,81
カミュ ……………………………35
ガリレイ ……………………………4
ガルデニ ……………………………44
カント ……3,9,10,11,17,20,21,42,57,
　　67,69,70,84,111,117
北野 裕通 ………88,89,91,96,144,152
キルケゴール ……3,29,32,34,36,78,
　　111,114
草薙 正夫 …………………………17
熊澤 義宣 ……………………115
熊野 義孝 ……………………164
桑木 務 ……………………………66
クンツ ……………………………35

サ行

ゲーテ ………………30,39,40,84
ケプラー ……………………………4
ゲルトルート ……………………12
ゴーガルテン ……………………44
ゴスリッヒ(Goslich-Kuhsel, Gabriele)
　　………………38,46,47,60,65

サ行

ザーナー、H.(Saner,Hans) ……153,163
斎藤 武雄 …38,54,66,67,71-74,79-82,
　　125,133,142,151
笠井 恵二 ……………………115
ザラムン、K.(Salamun, Kurt)
　　…………………5,38,44,48,64,65
サン・テクジュペリー ……………35
シェリング ……………………166
重田 英世 …………………………17
シュタイガー ……………………166
シュスラー(Schussler,Werner) ……10
シュナイダーズ(Schneiders, Werner)
　　………………………………163
シュプランガー ……………………79
シュライアーマッハー ……………166
シュルトハイス(Schultheiss, Jurg)
　　…………………11,38,55,66
シントラー(Schindler, Regine) 160,164
スペック(Speck, Josef) 37,41,43,44,61
ソクラテス ……………7,9,11,78,143
ソシュール …………………………47

タ行

高橋 浩 ……………………31,36
武田 清子 …………………159
ツァールント ………………………21
堤 正史 …………………………54
ティリッヒ ……113,117-124,126-133,
　　135,155-159,163,165-169,171
ディルタイ ……………3,25,91,96,102

デカルト ……………………………11
デモクリトス ………………………4
寺園 喜基 ……………138,140,150
寺脇 丕信 …………………17,81
デルボラフ …………………………79
土居 真俊 …………………………119
トマス・アクィナス ………………34
トルケッター(Tollkötter, Bernhard)‥
　37,41,42,44,56,59,63,64,67-69,84

ナ行

ニーチェ ……I,3,39,40,84,121,129,132
ニコラウス・クザーヌス ……………143
ニーバー、ラインホルト ……………170

ハ行

ハイデッガー ……I,3,11,25,28,32,34,
　35,37,110,115,129,171
羽入 佐和子 …………………17,19
バルト,K.(Barth,Karl) ……iii,22,114,
　118,131,135-141,143,145,148,150,
　156,159,165-168,170,171
林田 新二 …………………………151
広岡 義之 …………………31,36
ビンスワンガー ……………………35
ブーバー ……………………44,78
フックス(Fuchs, Franz Josef)
　………………38,55,57,58,66
ブッダ ………………………12,143
ブットナー(Buttner, Edgar) ……38,
　50-52,60,61,65,95
プラトン ……………………………4
ブラント(Czerski-Brant) ……47,48
ブルトマン …………15,22,101-104,
　109-115,134,135,165-171
ブルンナー、E.(Brunner,Emil) ……22
ヘーゲル ……………………3,11,166

ベルゲングリューン ………………22
ヘルダーリン ………………………22
ホーン、H.(Horn, Hermann)
　………37-39,41,43,59,60,67,84
ボック(Bock,Irmgard) ……………38
ホフマン、ネリー …………………169
ボルノー(Bollnow, Otto Friedrich)
　………25,26,36,37,44,46,78-81,
　92,94,142,151

マ行

マイヤー、A.(Mayaer, Anton) ‥37-41,
　43,44,59,63,64,67,84,85,95
マイヤー、E.(Mayer, Ernst) ………168
マイヤー、ゲルトルート …168,169,171
増渕 幸男 ……17,38,54,55,60,63,67,
　68,78,80
マルセル ……………………30,36,166
三浦 武人 …………………………53
峰島 旭雄 …………………………94,97
村元 沙千子 ………………………44,64

ヤ行

山内 一郎 …………………128,134
ヨウルダン(Manfred Jourdan, Hagen)
　………………38,43,45,46,52,60,67
吉村 文男 …………………………53
米倉 充 ……………………………139,50

ラ行

リット ………………………………44
リッケルト …………………………171
リルケ ………………………………30,35
竜樹 …………………………………12
レール(Röhr, Ferdinand)
　………………………38,46,48-50,61
レルシュ(Philipp Lersch) ………44

著者略歴

深谷 潤 (Fukaya, Jun)

1964 年生まれ
1988 年　国際基督教大学卒業
1992-1993 年　ドイツ、ミュンスター大学留学
1994 年　国際基督教大学大学院教育学研究科博士後期課程単位取得
現　在　平安女学院大学短期大学部助教授

専門分野：教育学（教育哲学）

主な論文・翻訳：
　「信仰と不信仰の転換点に関する一考察」 キリスト教教育論集 第 7 号
　　日本キリスト教教育学会 1999 年
　「『暗号』としてのイエスに関する一考察」キリスト教教育論集 第 5 号
　　日本キリスト教教育学会 1997 年
　「『理性』による教育」教育哲学研究 第 70 号 教育哲学会 1994 年
　『哲学的信仰』カール・ヤスパース著（分担翻訳）理想社 1998 年

ヤスパースと三人の神学者たち
──キリスト教教育哲学の断片──

2002 年 10 月 20 日　発行

著　者　深　谷　　潤

発行所　㈱溪水社

　広島市中区小町 1-4　（〒730-0041）
　電話（082）246-7909 / FAX（082）246-7876
　E-mail：info@keisui.co.jp
　URL：http://www.keisui.co.jp

ISBN4-87440-701-3 C1010